JN244122

ENHANCE BUSINESS

保全ビジネス®への挑戦

生命保険業界に必要なイノベーション

SH.Plus株式会社
CEO 太田 俊司 著

序章　はじめに

私は2年前に38年間続けてきた生命保険事業の現役を退いて、コンサルタントという立場で、少し距離をおいたところから生命保険を俯瞰するようになりました。すると、現在の生命保険会社は短視眼的な収益にフォーカスし、営業社員も自分の収入を手っ取り早く上げることに集中して、生命保険販売において大切なことがおざなりになっているのではないかという疑念を抱くようになったのです。

今後も更に生命保険事業が健全に発展し、生命保険事業に携わる皆さんの気づきになってくれればと思い、私の思うところをまとめたものが、この『保全ビジネス®への挑戦』です。

「保全ビジネス®」とは、一人ひとりのお客さまに対して担当者を明確にし、定期的なコンタクトと訪問を繰り返してお客さま情報とその家族の情報をとり続け、お客さまの大切な保険契約を最適な状態に保つための仕組みを作りあげるということです。

既契約者をたくさん抱えている保険会社、保険代理店、保険営業社員など、お客さまに寄り添いたいと考える人にとって最適なビジネスモデルだと考えます。保全ビジネス®は、単純ではありますが、面倒臭いことをしっかり続けることで、どんな営業社員でも成功できるビジネスモデルです。

私は旧東邦生命保険相互会社で日本初の「優良体保険」を商品開発する際、大蔵省保険一課への認可折衝担当者として関わり、そのことがきっかけとなってプルデンシャル生命保険株式会社（以下、ＰＯＪ）へ転職することになりました。

当時のＰＯＪは、ソニー生命と袂を分かつことになったところで、創設者であり日本人で初めての米国アクチュアリー協会の正会員でもある故坂口陽史会長が、最強のライフプランナー制度を構築している最中でした。この日本の生命保険販売チャネルとして最強の集団であるＰＯＪのライフプランナー組織に、自分が開発した生命保険商品を販売してもらえるということが、私がプルデンシャル生命保険へ転職した理由の一つです。

転職後にＰＯＪで初めて商品開発したのが米国ドル建終身保険でした。ドル建商品の開発にあたって、坂口会長と米国プルデンシャルから米国の生命保険の歴史と現状について勉強させていただいたことが、私の生命保険キャリアの礎になっています。

米国生命保険業界が大きな転換期を迎えた頃、私は２００５年から2年間、米国に滞在して米国の生命保険マーケットについてあらゆる角度から更に勉強する機会を得ました。

米国では、生命保険事業のために大切な3要素であるマーケット、商品、販売チャネルの関係性と、その3要素を結びつける顧客管理システムや事務センター、コールセンターの役割などについて学ばせていただきました。

米国の生命保険業界は、すべての面で日本の生命保険業界の10年20年も先を歩んでいると感じたことを覚えています。特に米国の成熟した生命保険マーケットにおいては、新規顧客を獲得することよりも、既存顧客を大切にし、既存顧客と生命保険会社が一緒に成長して行こうとする営みが進んでいました。顧客管理システムに蓄積された顧客データを活かして、エージェント（訪問販売組織）を中心にコールセンターと本部事務センターとが一体となって、きめ細かく顧客に寄り添うプラットフォームを作り上げていたのです。

米国の人口は、増加率は鈍化したものの未だに伸び続け、２０２３年現在で3億３９９万人となっています。一方、日本の人口は２００８年の1億２８０８万人をピークに減少し、２０７０年には９０００万人を割り込むと予想されています。

生命保険マーケットを人口と考えると、米国のマーケットは今でも拡大していることになりますが、それにもかかわらず20年も前から既存顧客にフォーカスした営みが行われていたことになります。日本においては、２００５年から続いた保険金・給付金不払問題を端緒に、既契約者に対する契約保全の取り組みが徐々に行われてはいるものの、相変わらず営業社員や代理店は新契約マーケットに注力して縮小するパイを取り合っており、既契約マーケットには十分なサービスを行っていないというのが実情です。

このマーケットシェア拡大を目指す新契約ビジネスから、カスタマーシェア拡大を目指す既契約ビジネス、つまりは保全ビジネス®に転換することを、保険業界の皆様に推奨したいのです。

保全ビジネス®は、どの会社でも、どんな営業社員でも、継続性・反復性を担保することができれば導入可能なビジネスモデルだと信じています。

２０２４年6月　太田 俊司

目次

序章　はじめに　2

第1章　生命保険は保全が必要な金融商品　11

1　医療技術の進歩とともに、役に立たなくなる医療保険・がん保険　14
2　家族収入保険（収入保障保険）には損益分岐点がある　23
3　外貨建保険／変額保険こそ保全が必要な商品　26
4　保険金給付金不払問題の根本原因は生命保険会社に保全の習慣がないこと　30
5　財務状況や従業員の入れ替わりのある法人向け商品は常に保全が必要　33

第2章　生命保険業界が保全をしなくなった理由　37

1　生命保険は高い買い物であることを忘れる顧客　40
2　生命保険のコミッション体系　43

3　生命保険会社の営業社員の評価において、新契約至上主義が続いた　47
4　営業社員のターンオーバー率が高い／担当者がいなくなった契約が多い　49
5　契約継続率を重視する生命保険会社、大切なのは顧客継続率　51
6　低い予定利率が長く続き、「契約転換は悪」という思い込みが定着　54
7　構成員契約規制の継続　57

第3章　損害保険代理店が生保のクロスセルをできない理由　63
1　契約更改を作業と考えている損保代理店の営業社員　67
2　人との接点を後回しにする／人に興味のない損保代理店の営業社員　70
3　時間がかかる生命保険の販売プロセスを面倒くさがる損保代理店の営業社員　72
4　損保代理店の生命保険クロスセルを成功させるためには　75

第4章　他業界における保全活動　81
1　ブランドエクスペリエンスの事例　85
2　欧米の金融機関が取り入れたゴールベース・アプローチ　94

第5章　保全ビジネス®とは

1　保全活動の必要性　97
2　保全ビジネス®の基本プロセス　100
3　保全ビジネス®は1年に一回の双方向コンタクトと
　　2〜3年に一回の訪問が基本　103
4　保全ビジネス®と顧客満足度　108
5　お客さまのライフステージや気持ちの変化に関する情報収集　111
6　顧客管理システムの整備は販売チャネルの役割　115
7　保全ビジネス®の情報提供は新商品のご案内ではない　119
8　1年後、2年後の訪問の約束　124

第6章　営業担当者が担う保全ビジネス®の実践

第6章　営業担当者が担う保全ビジネス®の実践　126
1　見込客発見の難しさ　127
2　保全ビジネス®はマーケットシェアではなく
　　カスタマーシェアを上げていくビジネス　131

3 保全ビジネス®のマーケットターゲットは家族内白地と一族内白地 135
4 担当者のいなくなった既契約者を顧客化するためには 137
5 今流行りのリーズ提供会社からの見込客には注意が必要 140
6 若年層の生命保険加入検討プロセスＡＩＳＣＥＡＳ 142
7 見込客を顧客に育てるナーチャリングの必要性 146

第7章 営業管理職が担う保全ビジネス®の実践 149
1 保全ビジネス®において営業管理職が行う活動管理とは 152
2 凡事徹底することの難しさ 155
3 営業担当者のトレーニング 157
4 3年間の保全活動の先に見えてくるもの 160

第8章 生命保険業界に必要なのはイノベーションし続けること 163
1 生命保険は、それぞれの人生と伴走する金融商品 167
2 生命保険業界にはイノベーションが不可欠 170

3 優良体保険の開発
（ノンスモーカーレートの導入と運転免許証の色で変わる死亡率） 174
4 米国ドル建終身保険の開発 179
5 保険金・給付金不払問題の一つの課題を解決した支払審査会の導入 183
6 産学協同をモチーフにした寄附講座「営業学」の導入 186
7 生命保険信託の復活と生命保険会社資本の信託子会社設立 190
終章 おわりに 196

第1章　生命保険は保全が必要な金融商品

　生命保険、特に死亡保障を目的とした死亡保険は、お客さまが保険に加入したときから被保険者が亡くなるまで保険料を払い続けて契約を継続し、被保険者が亡くなったときにはじめて保険金が支払われて、加入したときの目的が達成されるものです。

　このように、目的が達成されるまでの期間（duration：デュレーション）が長い保険契約においては、お客さまのライフステージが変化したり、医療技術の進歩や金利変動といった社会・経済状況が変化したりすることによって、保険契約が加入時の思惑通りには機能しなくなることが起こりえます。

　一方、生命保険は、確率論や統計学といった高度な数学理論がベースになった金融商品であるため、保険についての知識を持つ専門家からの説明が不可欠な商品でもあります。つまり、お客さまの大切な保険契約を劣化させず、常に最適な状態に保つためには、保険会社や営業担当者が、保険契約の質を維持向上（enhance：エンハンス）させ続けるという能動的な保全活動が不可欠なのです。

　さまざまなリスクに対する保険商品が数多く発売されている現在、保全の必要性は死亡保障だけに限定されるものではなくなってきています。この章では、保険商品ごとに、なぜ保全活動が必要なのかということについて見ていくことにしましょう。

1 医療技術の進歩とともに、役に立たなくなる医療保険・がん保険

現在、日本で発売されている医療保険や医療特約のほとんどは入院することをベースにしており、それに手術や通院の保障を付加する設計になっています。がんや心疾患、脳血管疾患等については、診断・罹患した時点で給付金・保険金が支払われる場合もありますが、いずれにしても、入院することが前提で保険が設計されていることが多いのです。

ところが、医療技術が進歩したことにより、入院日数はどんどん短くなる傾向にあります。

図1は、厚生労働省が3年ごとに公表している患者調査における入院日数推移のグラフですが、どの年齢層においても平均在院日数（入院日数）が減少していることがわかります。病院に入院する割合が高い65歳以上や35～64歳といった年齢階級では、現在の入院日数は、昭和62年と比較して半分以下になっています。

給付金が支払われる入院日数の条件がどんどん短縮化

図１　年齢階級別・退院患者の平均在院日数（病院）

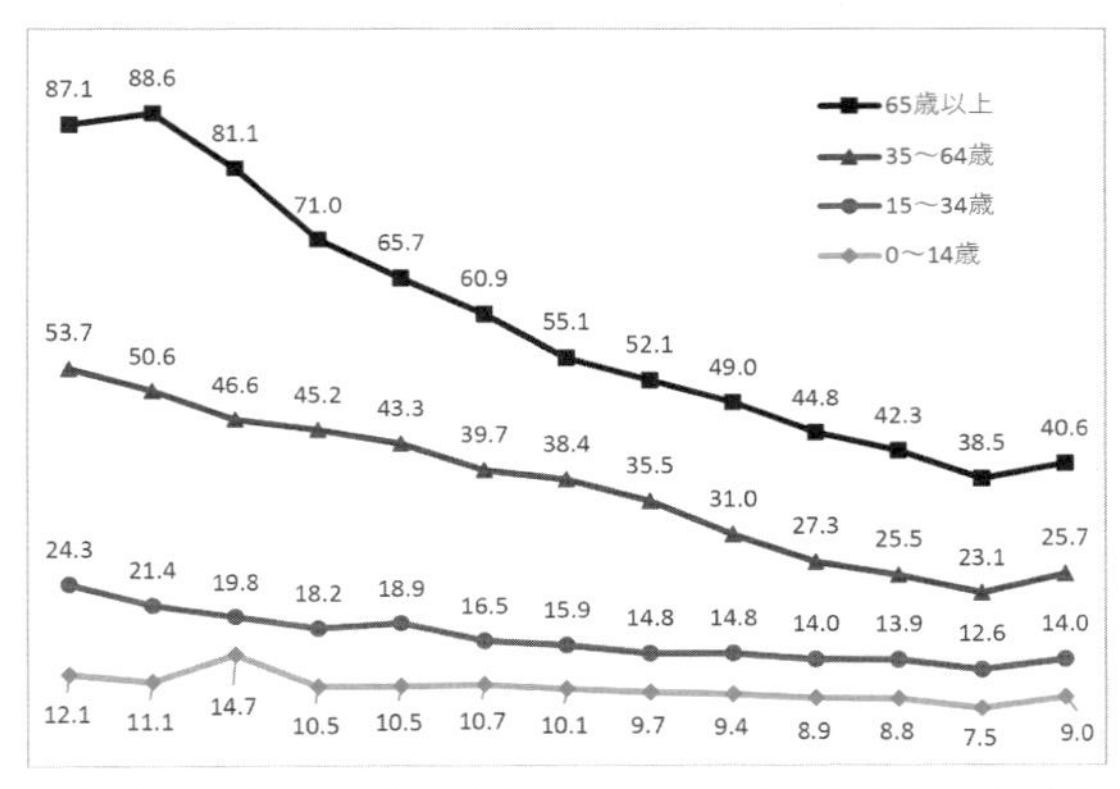

厚生労働省「令和２年　患者調査の概況」

昔の医療保障は、終身保険や養老保険といった主契約に特約で付加するものがほとんどでした。

疾病入院特約や災害入院特約、あるいは入院保障と手術保障をセットした総合医療特約は、20日以上入院しないと給付されないというものでしたが、入院日数の減少に応じて、この条件が「5日以上」→「2日以上」→「日帰り入院」というように、どんどん短縮されてきたのです。単品の医療保険も、同様に「8日以上」から短縮されていき、現在では1日目から支払われる商品が主流になっています。

もし、全く保障の見直しがなされず、以前の契約のままだったらどうなるでしょう。

例えば、骨折で10日間入院したとしても、20日以上入院しないと給付されないタイプの特約だと、一切、入院給付金は支払われません。それまで支払ってきた特約分の保険料がムダであったといえるでしょう。

医療技術の進歩とともに保障内容の範囲が拡大

以前は、がんの治療法は手術による切除が中心でしたが、その後、手術に加えて放射線治療や抗がん剤治療という、いわゆる「がん三大療法」が行われるようになりました。がんの定期検診が普及し、早期発見により治療の幅が広がったことや、生存率が向上して生活の質（ＱＯＬ：クオリティ・オブ・ライフ）が重視されるようになってきたことも影響しています。

こうしたことに伴い、がん保険の給付対象に、入院・手術だけでなく、放射線治療や抗がん剤治療、先進医療も含められるようになってきました。また、通院による治療や精密検査、乳房再建等についても保障されるようになってきています。

この他にも、医療保障・がん保障の分野では、生活習慣病や特定疾病保障、認知症等を手厚く保障する保険も発売され、電話相談やセカンドオピニオンなどの付加的なサービスも拡充してきています。

先進医療の中身も年々変化

平成18年の健康保険法改正により、それまでの「特定療養費制度」が「保険外併用療養費制度」に変わり、新たな先進医療がスタートしました。「保険外併用療養費制度」とは、患者が自己負担する先進的な医療技術等について、安全性・有効性等の基準に応じて、将来的な保険導入に向けた評価を行うというものです。先進医療として指定される技術が毎年見直されるわけですから、生命保険の先進医療特約でカバーされる保障の範囲も年々変化することになります。

例えば、がん細胞だけにピンポイントで照射してダメージを与える重粒子線治療や陽子線治療は、先進医療に位置付けられますが、平成30年からは転移のない前立腺がんについて保険適用されるようになりました。

今後は、このような先進医療の対象となる医療技術の見直しとあわせて、加齢黄斑変性等の目の治療やｉＰＳ細胞を用いた再生治療などが、保障の対象として視野に入ってくると思われます。これからは、公的な医療保険制度の後追いだけでなく、医療従事者と保険会社が一緒になって保険商品を開発していく時代がやってくるでしょう。

家族入院特約から一人ひとりの保障に

以前は、保険は世帯主（夫）が加入するもので、妻や子どもは大きな死亡保障は必要なく、家族入院特約で医療保障だけを確保すればよいという考え方がありました。保険設計するときは、子どもは2・3～2・5人、妻は夫の3～5歳下、という実に大雑把な設定で料率を計算していたのです。

また、子どもは20歳までしか保障されませんが、20歳になったときに、その対応がほとんどなされていませんでした。本来であれば、子どもが20歳になったときに、家族入院特約を解約し、配偶者特約を中途付加するか、妻の保障を新たに確保するといった対応が必要であったにもかかわらず、家族入院特約をそのまま継続させていたということが多発していたのです。

また、夫婦が離婚した場合なども、わざわざ特約を外してくださいとお客さまから申し出ることはほとんどありませんでした。

こうした反省からか、現在は、夫、妻、子どもそれぞれに、独自に保障を確保してもらうような提案内容になってきています。

ライフスタイルや予算にあわせた保障の多様化

保険会社側からすると、このように変動要素が多い医療保険・がん保険分野は非常にリスクが大きいといえます。実際、女性特有の病気を保障する保険・特約は、想定した発生率よりも実発生率の方が高く、この分野だけでは赤字になることが多々あると認識しています。

また、第三分野系の商品においては、保険会社は料率変更権を持っていることが多いのですが、営業活動を含めた社会的な影響が大きいため、実際に行使するのは難しいというのが実情です。

こうしたリスクをとりたくないため、長らく医療保険・がん保険は保険期間を10年、15年といった有期とし、更新していくタイプが主流でした。そんな中、終身の医療保険を発売する保険会社が登場し、他社も追随するようになりました。

ちなみに、死亡保障に特約として医療保障を付加する場合は、多くは保険料払済年齢または80歳で保障が終了してしまいます。80歳以降も保障が必要な場合は、医療特約ではなく、単品の医療保険に加入しなおすといった見直しが必要でした。

保険期間の他、1入院の給付日数（60日、120日、180日など）、通算限度日数（700日、730日、1000日、1095日など）、加入対象者（女性、高齢者、子どもなど）、加入条件（無選択、引受緩和型）、解約返戻金の有無というように、商品が多様化しています。それぞれ保険料が違ってきますので、ライフスタイルや予算にあわせて、さまざまな選択が可能になっています。

公的な医療保険制度の補完から、医療保険・がん保険の加入目的も多様化

なぜ医療保険・がん保険に加入するのかと問われると、ほとんどの方は「医療費の負担を軽減するため」と答えるでしょう。医療費負担の軽減という点では、日本は公的な医療保険制度が充実しているため、医療保険は不要だという方もいらっしゃいます。

確かに、日本の公的医療保険制度には「高額療養費制度」というものがあり、同一月にかかった医療費の自己負担額が高額になった場合、一定の金額（自己負担限度額）を超えた分は、後で払い戻されます。つまり、「入院して治療を受けた」「手術を受けた」といっ

た治療については、どんなに入院日数が長引いても、一か月の自己負担額は一定金額を超えないこととなります。

けれども、病気やケガで病院に運ばれたときや、がんと診断されたときに実際に起きることは、治療費がかかるということだけではありません。仕事を休まなければならない、身体に負担がかからないような仕事に転職しなければならない、生活環境や衣食住の習慣を変えなければならない、精神的なケアが必要になる、といった対応が必要になるかもしれませんし、金銭的に差額ベッドや個室の料金が高額になる場合もあるでしょう。

これらのことにも経済的な手当てが必要になりますので、医療保険・がん保険に加入する目的も、治療費だけでなく、幅広く考えることが必要になってきます。今後は、この傾向がますます強くなるのではないでしょうか。

商品の変化が激しい医療保険・がん保険は、保全が不可欠

医療保険、がん保険の分野においては、最近は各保険会社とも2～3年おきに商品を改定しています。何年も保険料を払い続けてきたのに、いざ必要になったときに役に立たなかったという事態に陥らないためには、頻繁に保障内容を見直して、新しい保険に変える

なり、保障を増やすなりといった手を打つことが必要な保険であるといえます。

保険契約は、加入時の保障内容がそのまま継続されるものであり、医療技術が進歩したからといって、自動的に保障内容がアップデートされるわけではありません。保障内容を現在の医療実態にあわせたものにするためには、保険会社が保全活動を怠らず、お客さまとコミュニケーションを取り続けて、適切なアドバイスをしながら対処していくことが不可欠なのです。

がん保険のパイオニアであるアフラック生命保険株式会社は、保障見直しの方法の一つとして、「新契約に伴う条件付解約」という制度を設けています。

これは保障期間を途切れさせることなく、現在の既契約を解約し、最新の保障を提供する新商品に加入できる仕組みです。医療保険・がん保険は保障内容が時代と共に進化することに対応した、お客さまに寄り添う素晴らしい取り扱いだと思います。

2 家族収入保険（収入保障保険）には損益分岐点がある

図２　家族収入保険（収入保障保険）

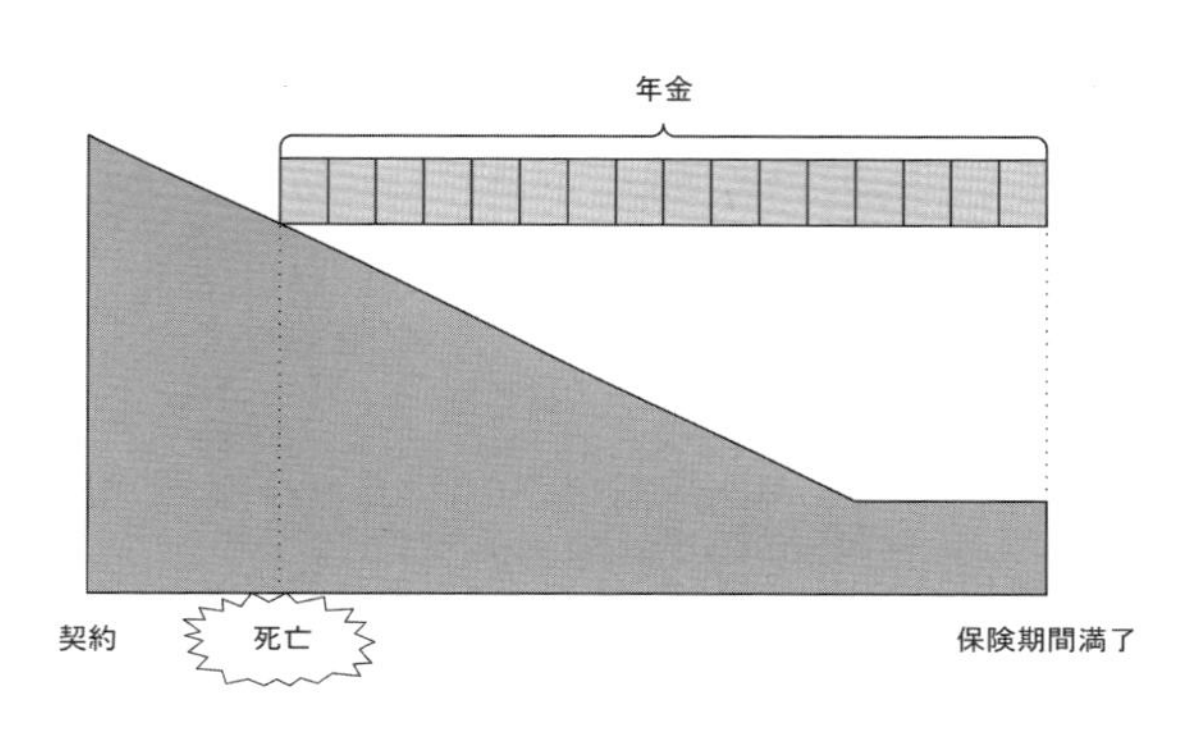

家族収入保険とは、保険期間中に被保険者が死亡した場合、年金を保険期間満了時まで毎月支払うという死亡保障の保険です。

一家の大黒柱が亡くなっても、その方に代わって残された家族に年金（収入）を届けるという意味で、家族収入保険という名称がつけられており、保険会社によっては収入保障保険と呼ばれる場合もあります。死亡しないまま時が経過すると、年金受取総額は逓減していきますので、図2のように、保障額は年々減少していくことになります。

生命保険の必要保障額は時の経過とともに減少していきますので、そのニードとマッチした合理的な商品であるといえます。

最初は割安だった保険が、やがて割高な保険になっていく

ところが、保険料は保険期間を通じて一定に設定されていますので、契約当初は非常に割安感があるのですが、だんだんその効果が薄れていき、やがて新たに保険に加入するよりも割高になってきます。

特に、医療技術が進歩して寿命が延びると、死亡率も改善していきますが、見直し時期によっては、加入当時の死亡率を使用している家族収入保険（収入保障保険）より、保険金額が一定の定期保険に加入する方が安い場合もあるのです。さらに非喫煙者割引といったリスク細分型の割安な保険料率を適用する場合には、その差はさらに大きくなります。

この損益分岐点がどこにあるかということは、お客さまからは全くわかりません。

そもそも時の経過によって保険料が割高になっていくことさえ、お客さまは知らないことが多いのです。

この家族収入保険（収入保障保険）に関しては、保険会社の担当者が損益分岐点をしっかりと見定めたうえで、それをお客さまにきちんと伝えて対処しなければいけないのです。

家族収入保険（収入保障保険）は乗り換え話法の格好のターゲット

家族収入保険（収入保障保険）が発売された当初、保険会社はその合理性と保険料の優位性をもとに、かなり販売件数を伸ばしたという経緯があります。

それから時がたち、今では他社から見て格好の乗り換えターゲットになっています。来店型ショップなどで家族収入保険（収入保障保険）に加入しているお客さまがいると、「同じ保険料でこれだけ保険金額が上がりますよ」ということで乗り換えのターゲット商品とされているようです。

つまり、家族収入保険（収入保障保険）を販売した保険会社が、自ら、保全活動を通してお客さまに損益分岐について説明して対処しなければ、契約が他社に流れていくだけなのです。

3　外貨建保険／変額保険こそ保全が必要な商品

最近、外貨建の生命保険が販売件数を増やしています。

そもそも外貨建保険は、日本が低金利になってきたときに、海外との金利差を活用して割安な保険料で死亡保障や老後保障を確保することができるという目的で開発された保険商品でしたが、低金利が続く現在では利回りが重視され、資産形成を目的とした金融商品として活用されることが多くなってきました。

けれども、資産形成として外貨建保険を販売する場合は、為替リスクをしっかりと許容できるお客さまであることが条件となります。

資産形成目的の金融商品を販売・保全するためには相応のスキルが必要

また、資産形成を目的として外貨建保険や変額保険を販売するのであれば、営業担当者は、証券会社の営業担当者やＦＰと同じように、金利や為替等の経済状況や、株式や債券、投資信託等の金融商品について深い知識を持ち、商品を購入した後も、お客さまに適切なアドバイスができるようにならなければなりません。

死亡保障や医療保障などについては、しっかりした研修を受け、周辺知識についても勉強する体制が整っているといえますが、資産形成については、通り一遍の知識で販売しているケースが少なくありません。資産形成目的の保険商品は、自動的に満期がくる商品以外、いつ利益確定や現金化すればよいのかという出口戦略も重要な要素です。

そのアドバイスをすることも、保険商品を販売した営業担当者の大切な役割であるといえるのです。

契約継続率から顧客継続率への発想の転換が必要

資産形成を目的としてお客さまが外貨建保険や変額保険に加入した場合、運用状況や為替の状況によって、解約をアドバイスすることが必要になるときがあります。特に、現在のように円安が進んでいる状況では（２０２４年5月現在）、円高時に加入した保険を解約するケースが増えています。

一般的に、生命保険は将来のリスクに備えるためのものですので、そのときまで契約を継続するのが原則であり、途中で解約することは、お客さまのライフステージが変化したときや、保険料が払えないとき、急に資金が必要になったときといった、やむを得ない場合にしょうがなく対応するものという考え方が主流です。そのため、保険会社には契約継続率という指標があり、一定時期に加入した保険契約が、1年経過後、2年経過後、長い場合は10年経過後にどれだけ継続しているかということを、保険会社や営業担当者の評価に用いているのです。

そのため、営業担当者は、解約をお客さまにアドバイスするという習慣がなく、外貨建保険や変額保険についても、同じように契約をできるだけ継続してもらおうとします。

また、営業担当者にとって、早期の解約は販売手数料が控除されるというペナルティがかかる場合があるため、それも解約アドバイスにブレーキがかかる要因になっています。

お客さまの利益を第一に考えるのであれば、外貨建保険や変額保険に関しては、きちんと情報提供やアドバイスを行いながら、契約継続率よりも、そのお客さまに長く顧客であり続けてもらうという顧客継続率を重視する姿勢が必要だと考えます。

この顧客継続率については、第2章で詳しく説明したいと思います。

金融機関の窓口販売においても保全が重要

現在、外貨建保険を販売しているのは、銀行をはじめとする金融機関代理店が中心です。渉外担当者や相談窓口担当者が外貨建商品を販売しても、異動が多い金融機関では、同じ担当者が長く同じお客さまを担当する体制にはなっていません。

その結果、保全活動は保険会社まかせになり、保険会社は、ＷＥＢサイトでお客さま自身の契約の状況が確認できるというサービスを提供するだけで、結局、お客さまの自己責任になってしまうのです。

金融機関代理店は、生命保険の一部の機能に着目して販売活動だけに注力する傾向があり、生命保険には保全が必要であるという認識が薄いのではないかと感じます。生命保険の募集代理店の義務として、売りっぱなしにするのではなく、保全活動をしっかりと行うべきであると考えます。

4 保険金給付金不払問題の根本原因は生命保険会社に保全の習慣がないこと

平成17年から平成19年にかけて、生損保業界において保険金の不払問題が社会問題化しました。不払問題は、勧誘時に不適切な募集を行ったことに伴って、本来保険金を支払うべきであった保険契約を含めて保険契約を解除したことが一部の保険会社で発覚し、大きな問題に発展しました。

その後、金融庁がすべての保険会社に調査を命じた結果、多くの保険会社で、保険金や給付金、失効返戻金、解約返戻金の不払いと未請求があったことが明らかになったのです(全社合計で約120万件、約910億円の支払漏れ)。

お客さまをきちんと保全する習慣があれば、ここまで不払問題は大きくならなかった

この問題の背景には、金融自由化による競争の激化と新契約至上主義、営業担当者の商品理解が不十分だったこと、保険会社の契約管理システムの不整備などいろいろありますが、中でも、「保険金はお客さまから請求を受けてはじめて支払うもの」という「請求主義」が業界の常識となり、その結果、お客さまの契約を保全するという習慣が欠如していたことが大きく影響していると考えています。

お客さまは、いつも保険について気にかけているわけではありませんし、複雑な商品内容や請求手続を正確に理解しているとは限りません。そのうえ、お客さまが保険金や給付金を請求した際に提出した診断書の中に、お客さまが気づいていない支払事由が含まれていても、お客さまに請求を促さずに支払いを怠っていたというケースもあったのです。

保険会社が常にお客さまとコンタクトをとり、入院したことや家族状況の変化、被保険者の死亡等について把握し、保険のプロとして真摯に対応していれば、こうした問題は起こらなかったといえるでしょう。

不払問題をきっかけとして、保険業界も体質改善

この問題をきっかけに、保険会社も態度を改めました。

大手の保険会社の中には、数千億円もかけて一件一件契約を確認し、契約の結果だけでなくプロセスも管理できるようにシステム開発したところもあるようです。新契約至上主

義で契約を獲得したときだけに手厚く手数料を支払うのではなく、保全活動にも報酬を支払うように、営業担当者の報酬体系を変えるという動きも出てきています。

しかしながら、件数が多い大手の保険会社は積極的にこうした対応をしていますが、保有契約の少ない保険会社の中には、きちんと対応できていないところもあるようです。また、前述の家族特約や、失効返戻金、解約返戻金など、まだまだ未払いの保険金等が残っていると思われます。

保険金・給付金等の不払いはあってはならないことではありますが、この問題をきっかけとして、業界をあげてお客さまの保全を重視し、きちんと費用をかけて体制を整備する方向に変わってきたという点では、良い経験だったのではと感じています。

5　財務状況や従業員の入れ替わりのある法人向け商品は常に保全が必要

生命保険は、個人だけでなく法人にも利用されていますが、その主な目的は従業員や役員の死亡退職金や弔慰金、退職時の退職金の財源を効率的に確保することです。

グループ保険の発想が個人生命保険に応用されたもので、役職員の福利厚生を目的としていますので、保険料を支払ったときに全額または一部を損金扱いすることができるという副次的な効果があり、多くの法人で活用されています。

福利厚生を目的とする保険は、従業員の入れ替わりに応じた保全が必要

従業員の福利厚生を目的とする場合、保険料を損金扱いとするためには、原則として全員加入が条件となりますので、新たに社員が入社したときには加入手続き、退職したときには解約手続きが必要となります。

ところが、保険本来の機能よりも、副次的な課税繰り延べ効果を過度にアピールして加入を勧めることが多く、加入時だけは一生懸命ですが、その後の保全がおろそかになるケースが散見されるのです。

全員加入の条件を満たさなくなると、保険料の損金算入が認められないことになり、財務上の影響も大きいものになってしまいます。

加入時だけでなく、従業員の入れ替わりや、法人の財務状況に応じて、きめ細かく保全を行うことが不可欠なのです。

長期の定期保険を活用する場合は、解約返戻金の推移や財務状況に応じた保全が必要

役員の死亡退職金や弔慰金、勇退時の退職金の財源を確保するために、90歳～１００歳を満期とする長期の定期保険を活用する例が多くなっています。この保険は、長期にわたる役員の死亡保障を確保しながら、解約返戻金を勇退時の退職金や法人の資金繰りに活用することができるという特徴があります。

一般的に定期保険は掛け捨てですが、保険期間が長い定期保険は、遠い将来の死亡保険金のための保険料についても保険期間を通じて平準化して払い込むため、図3のように解約返戻金が生じます。

図３　長期平準定期保険の仕組み（イメージ図）

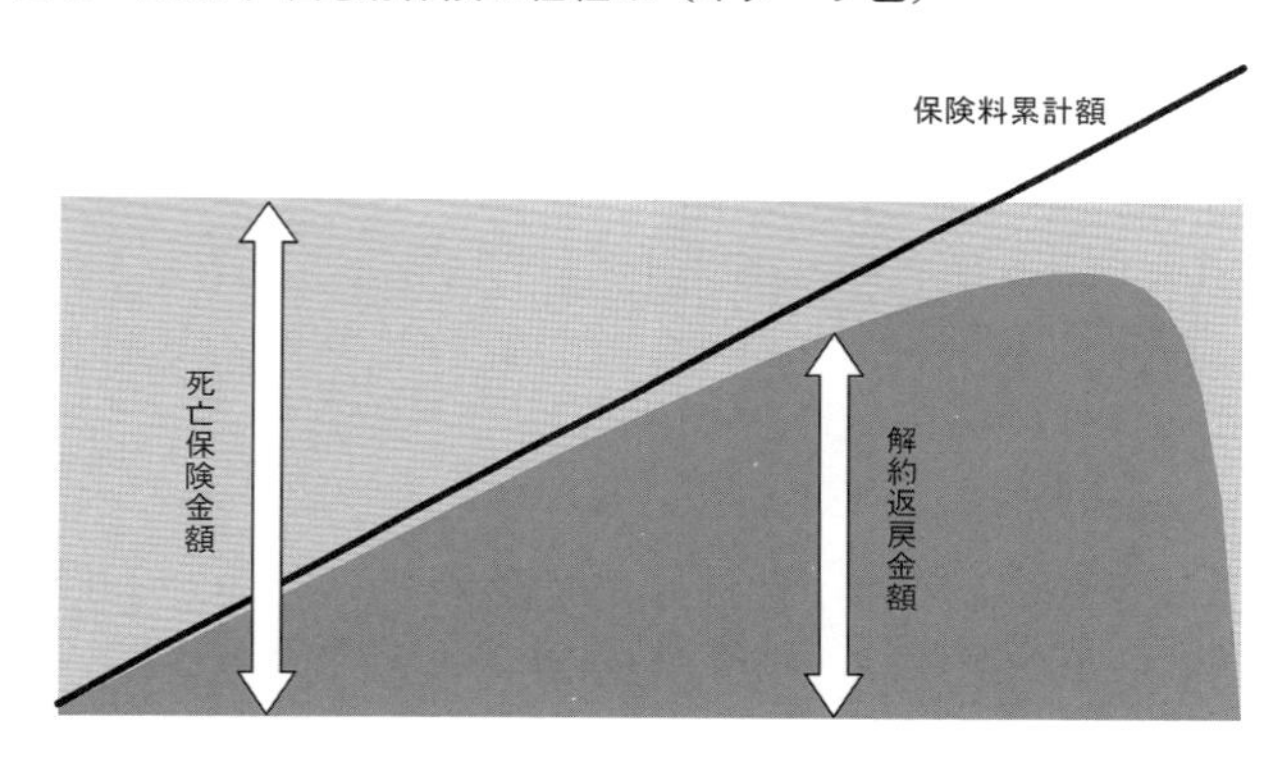

設定によっては、支払った保険料の累計額に対する解約返戻金額の割合が80～90％超になる場合があるため、保険料を損金算入して法人税等の課税を繰り延べしながら含み益を確保することができるという副次的な効果があります。

そのため、純粋に死亡保障等を確保するという目的の他、法人の決算対策として利用されることもあり、生命保険の一部の副次効果をクローズアップした売り方について、多くの課題を生むことになりました。

けれども、図3を見ておわかりのとおり、解約返戻金は満期より前にピークを迎え、その後は減少して最後にはゼロになってしまいます。

また、保険料の累計額はある時点から死亡保険金額を超えてしまう場合もあるのです。

これらの割合や時期は被保険者の年齢や保険期間によって異なりますので、保険会社はしっかりと保全をしながら、法人の財務状況や資金ニードに応じて適切にアドバイスすることが必要なのです。

このような、課税の繰り延べという保険の副次効果を主目的とする保険の活用方法については、できるだけ保険料を損金算入しながら、支払保険料に対する解約返戻金額の割合を高くしようという視点で商品開発がなされては、国税庁が税制を改正するというイタチごっこの状態が続いていました。

税制が改正されると、法人も今後の財務戦略を見直す必要が出てくるので、既存の法人のお客さまに対してしっかりと税制改正の影響について説明し、契約を保全していくことが一層必要であるといえるでしょう。

第2章　生命保険業界が保全をしなくなった理由

保険会社は、長らく、営業担当者がお客さまの保全をすることに対して報酬を支払ってきませんでした。そのため、契約やお客さまの保全を行うという習慣がなく、それが保険金・給付金不払問題につながったということは第1章で述べたとおりです。保険会社に所属していた当時、金融庁が検査に入ってきて重要視する視点の一つに「既契約に対してどれだけ費用をかけているか」ということがありました。保険金・給付金不払問題が発覚してからは、さらにその傾向が強くなったと感じています。

保険会社の利益の多くは、保有契約から生み出されます。加入してすぐの新契約は、募集手数料や契約手続き、査定費用等の初期費用がかかるため、1件の契約から利益が出始めるまで数年かかります。医療保険やがん保険で3～4年、家族収入保険(収入保障保険)、定期保険などは少なくとも5年以上、養老保険や終身保険などの貯蓄性の高い保険に至っては10年以上かかるのです。つまり、各契約が継続しない限り、損益分岐点を超えて収益を生むことはなく、低金利の時代が続いて予定利率が低くなったことで、さらに収益を生み始めるまでの期間が長くなってしまいました。

それにもかかわらず、なぜ生命保険業界では保全活動が軽視されるようになったのかについて、この章では一つひとつ見ていきたいと思います。

1　生命保険は高い買い物であることを忘れる顧客

「生命保険は住宅に次いで2番目に高い買い物である」というフレーズがよく使われます。

令和3年度の生命保険文化センターの調査結果によると、1世帯の平均年間払込保険料は37万1千円（個人年金保険料を含む）となっており、世帯年収の6・7％を占めています。この金額は年々減少する傾向にはありますが、依然として大きな金額であることには変わりありません。これを、途中で解約することなく30年継続して払い続けると、合計で1113万円にもなるのです。

保険はカタチのない商品であり、食料品や日用品のように購入後すぐに消費して価値を実感できるものではありませんし、住宅のように長く使用しながら愛着を育てていくものでもありません。

ケガや病気、家族の死亡といったリスクが実際に発生するまで、価値を実感することができないうえに、累計するとこれほどまで高額になる商品を、人はどうして買ってしまうのでしょうか。

分割払にすることで、高額な買い物という認識が薄れる

それは、分割払いすることで、出費を気にしなくなるからだと私は考えます。

先ほどの年間37万1000円は、月に換算すると３万916円になります。先ほどの生命保険文化センターの調査では、１世帯で平均３・９件加入していますので、１件あたりは７927円です。保険の通販の広告では、さらに１日あたりにして保険料を表示するケースもあるほどです（１日あたりにすると264円）。

どうです？「まあ、いいか」という気になりませんか。

お客さまが払える金額の保険を勧めている

医療保険やがん保険のように、月々の負担が2000〜3000円の場合はさらにハードルが低くなり、いったん加入してしまうと、自分が加入していることすら忘れてしまうことがあるのです。

これは、売る側の保険会社にも責任がありますが、「お客さまが月々いくらなら払える

か」という発想で保険を勧めているからなのです。

そういう入り方をしているので、お客さまは、ガス・水道料金や電気代といった公共料金と同じように、毎月支払うことに疑問を感じなくなってしまいます。

最近は電気代の値上がりが話題になりますが、保険はあらかじめ保険料が一定に定められていますので、ずっと上がることなく、同額が預貯金から引き去られていき、そのことを意識することもありません。

まさに保険マジックといえるでしょう。

２　生命保険のコミッション体系

私が、「これからはしっかりと保全活動を行うべき」と言うと、保険業界の中には「パンドラの箱を開けるな」と反論する人がいます。

前述のように、お客さまは保険に加入したことすら忘れているのだから、下手に接触して保険に入っていることを思い出されて、「やっぱりいらないや」となったら元も子もないというのです。

「保全は不要」と言わんばかりの生命保険会社の手数料体系

確かに、保険料が安い商品ほどお客さまは気にしなくなるから継続率が高いということはありますが、実は、保険契約の継続率に一番影響を与えているのは、営業社員や代理店に対するコミッション体系なのです。

一般的に、生命保険の販売手数料はＬ字型で、初年度が厚くなっています。２年目以降は、何年にわたって支払うかによって４Ｌ、５Ｌ、10Ｌなどがあり、代理店によって選べるようにしている会社が多くなっています。

営業社員や代理店にしてみれば、初年度手数料と継続手数料をもらいきってしまったら、後は契約が継続していようが、解約されていようが関係ありません。むしろ、解約して新しい保険に入ってもらった方が新たな収益になる、ということで、生命保険会社の手数料体系自体が、「保全しなくていい」と言っているようなものなのです。

銀行窓販におけるL字型の手数料体系の弊害を金融庁が指摘

この原稿を書いている途中で、外貨建一時払保険の販売を担う銀行19社と保険会社8社に対するモニタリング結果の中間報告が金融庁から発表されました。

その報告書によると、外貨建一時払保険販売後、4年で約6割が解約しており、早期解約等のペナルティや機会損失等により、想定した運用パフォーマンスを下回る結果になってしまっているとのことでした。

顧客に対して適切なフォローアップをしていないどころか、解約時に同じ人に同じ商品をまた販売するという乗り換えを行っている事例も多数発生していたそうです。この要因として、金融庁はL字型の手数料体系があると指摘しています。初年度の手数料を高くしていることが乗換販売を誘発し、２年目以降の手数料が低いのでアフターフォローが不十分になるという論理です。

保全フィーの誕生と保険業界の変化

私が、生命保険代理店の社長に就任してから、元受生命保険会社で担当者がいなくなった契約の保全業務を請け負うことになりました。

当然、生命保険代理店としては保全委託費を元受生命保険会社に要求するわけですが、最初は、営業社員にも保全に対するフィーを払っていないのだから払えないと言われたのです。

そこで、保険会社で担当者がいなくなったまま残っている契約と、生命保険代理店できちんと保全している契約の継続率を比較して、その差から生み出される保険料収入、利益、ひいては将来収益を計算してもらうように要請し、

図４　生命保険の手数料の払い方イメージ（10L の場合）

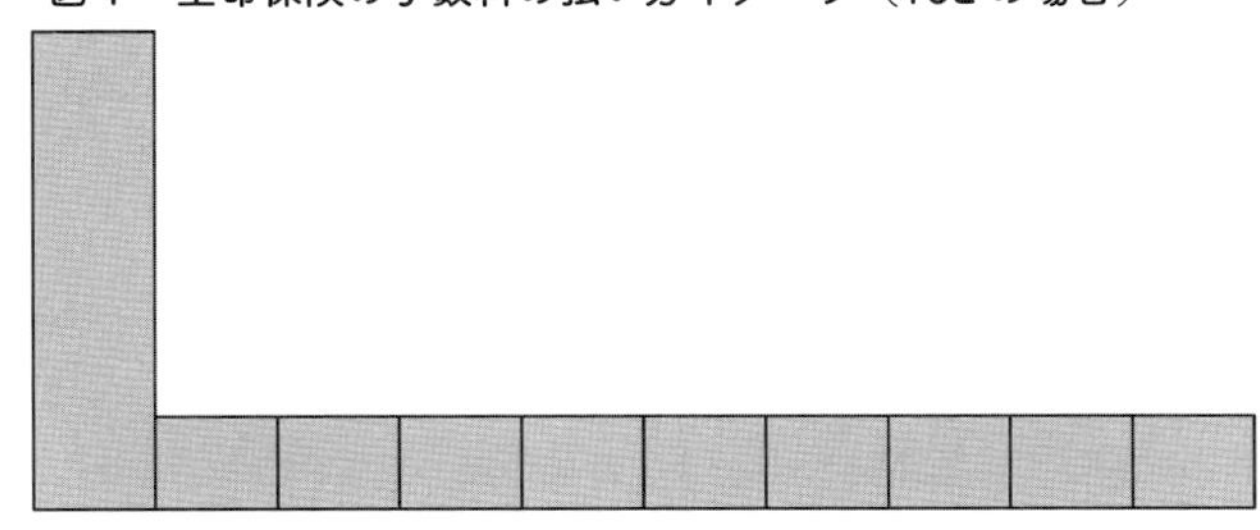

保全委託費を支払ってもらうことになりました。

その後いくつかの保険会社では、金融庁検査で指摘されることも後押しとなって、営業社員や代理店に保全活動を担当させる仕組みを整備し、それに応じた保全フィーを支払うようになってきたのです。

3 生命保険会社の営業社員の評価において、新契約至上主義が続いた

　２のコミッション体系について、もう少し別の角度で見てみたいと思います。

　それは営業社員の評価制度です。

評価にはいくつか指標があり、ある外資系の生命保険会社の例では、年間の初年度コミッションや、継続率、販売指標などで換算されるボーナスがあり、これらの組み合わせで営業社員の１年間の収入が決まります。

　販売指標とは、営業社員全体の初年度コミッションの合計の中で、その営業社員がどの位置に属するかという、いわば相対評価による通知表のような指

図５　営業社員の収入比率例

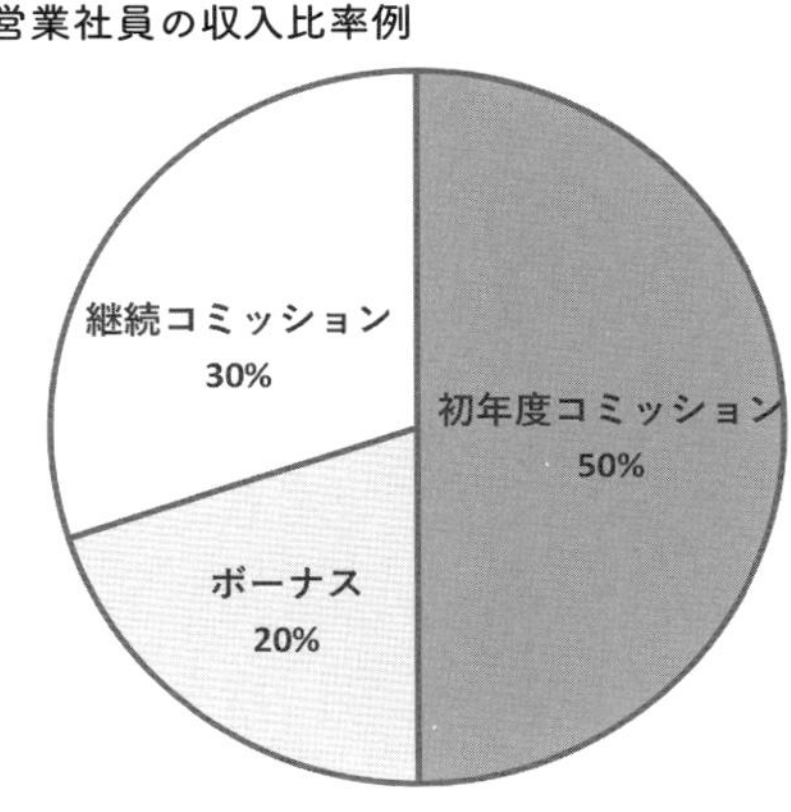

標です。前ページの図5は、営業社員の1年間の収入の内訳イメージを、円グラフで表したものです。

新契約をどれだけ挙げたかの比重が高いことが、保全軽視の原因に

初年度コミッションとは、1年間で獲得した契約について、商品ごとに定められた初年度の手数料（L字型のLに該当する部分）の合計です。これが年間収入のうち約50％を占めています。

ボーナスとは、継続率（2年間）と販売指標のマトリクスで決まるボーナスレート（0～80％）を初年度コミッションに乗じた金額で、これが約20％を占めています。

残りが継続コミッションで、商品ごとに定められた2年目からN年目までのコミッションの合計です。ボーナスレートは、継続率という指標も考慮の対象となっていますが、結局は、初年度手数料に起因する部分が1年間の収入のうち70％を占めることになるのです。

このように、営業社員の評価において、新契約に対するコミッションに比重が置かれていることが、保全をおろそかにする原因の一つになっているといえるでしょう。

４　営業社員のターンオーバー率が高い／担当者がいなくなった契約が多い

保険会社に入社した営業社員の10人のうち８人が５年以内に退職

生命保険会社の営業社員チャネルについては、かねてから「大量採用・大量脱落」という実態があると指摘されてきました。

２０２１年４月７日付の東洋経済オンラインの記事によると、営業社員の在籍率について、『2年目（入社後25か月目）の在籍率はおおむね50～70％台で、３年目（入社後37か月目）の在籍率は30～50％台、６年目（61か月目）になると20％前後まで下がる』と紹介されています。

営業社員の数は30年間で約半数まで減少

また、保険会社に所属する営業社員の数も年々減少しています。１９９０年代はじめは40万人を超えていましたが、徐々に減少し、現在は約半分になっています。

図6　登録営業職員数の推移（万人）

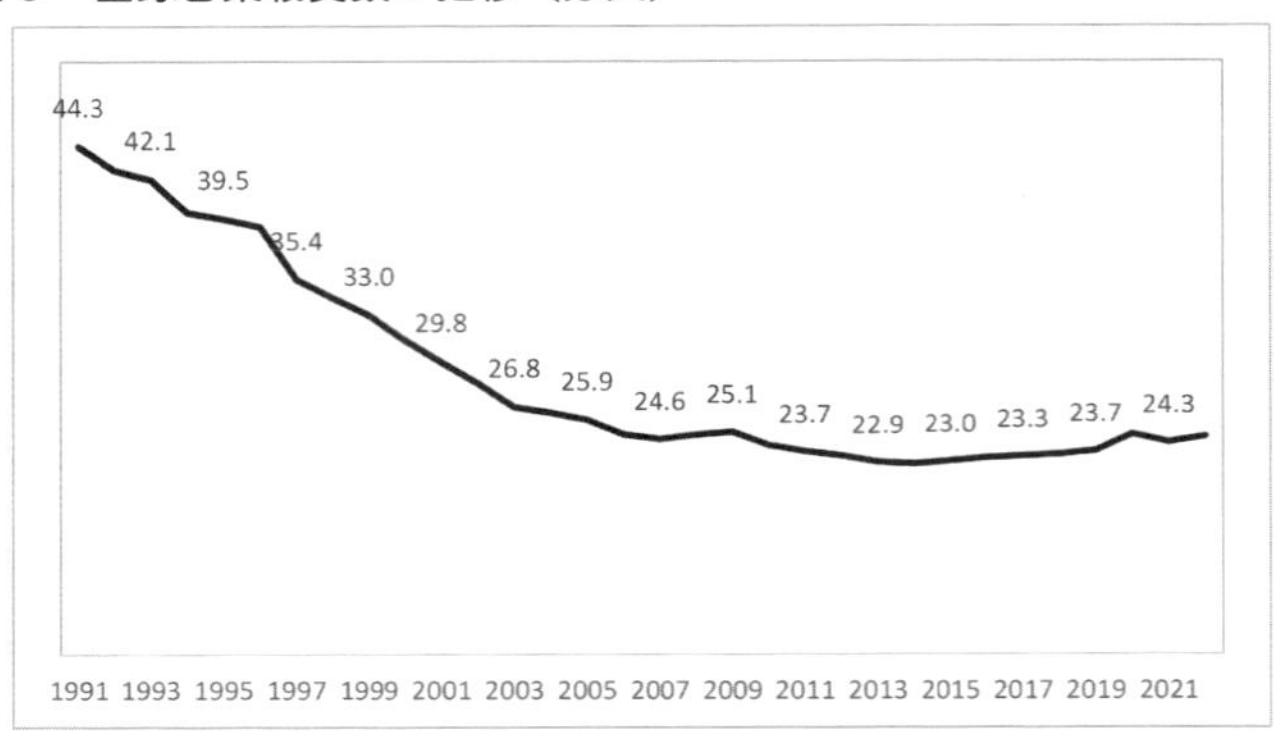

生命保険協会　生命保険の動向

担当者がいない孤児契約は保全されない

ターンオーバー率が高いことや、営業社員数が減少しているということは、契約の加入に携わった担当者がいなくなるということです。

担当者がいなくなった契約のことを、保険会社では、なんと「孤児契約」と呼んでいるのですが、この孤児契約はほとんど保全されません。大手の日本社は、地区を担当している営業社員にこの孤児契約を割り当てて、「あなたの担当です」といって保全させようとしていますが、どうしても自分が探したお客さまに対する活動を優先し、割り当てられた孤児契約の保全は手薄になりがちです。

やがて営業社員がやめていって、また「孤児契約」となり、保全されない状態がずっと続くというわけです。

5　契約継続率を重視する生命保険会社、大切なのは顧客継続率

一般的に、生命保険は目的が達成されるまでの期間（duration：デュレーション）が長く、早期に解約すると、お客さまにとって解約返戻金がないなどのデメリットがあるため、できるだけ現在の契約を継続してもらって継続率を高めようとします。

また、保険会社の立場として、一つの契約に対する収益性の観点からも、契約継続率を重視する傾向があります。

しかしながら、第1章でみたように、医療技術の進歩にあわせてどんどん進化している医療保険・がん保険は、頻繁に見直しすることが必要ですし、外貨建保険のような資産形成を目的としている保険は、市場や為替の状況を常にウォッチしながら出口戦略を実行することが必要になる場合もあります。

自動車業界は、経済性・安全性などの面から乗り換えを提案

たとえば、保険以外の自動車について考えてみましょう。

ハイブリッド車が発売されたとき、値段は高いけれども、燃費や税金優遇、その他の規制などを総合的に考慮して、それまで自社のガソリン車を利用していたお客さまに、ハイブリッド車への乗り換えを提案するでしょう。他社のハイブリッド車を勧められる前に、自ら働きかけるのです。これは、契約継続率ではなく顧客継続率を重視するという考え方です。

生命保険においても同じ考え方ができるのではないでしょうか。

顧客継続率の向上は、お客さまを育成してLTVを向上させる

適切な保全活動を通してお客さまを育成（nurturing：ナーチャリング）することは、お客さまからの信頼を高め、一人のお客さまから生涯を通じて得られる収益であるLTV（Life Time Value：ライフタイムバリュー、顧客生涯価値）を高めることにつながります。

現在の契約より高機能の商品へ誘導するアップセルや、別のニードの商品をあわせて販売するクロスセルにつなげることで、お客さまから得られる収益を高めることができるのです。

また、大切なご家族や親戚の方など、新たなお客さまをご紹介いただけることもあるかもしれません。

これからは、契約継続率ではなく顧客継続率を重視して、本当の意味でお客さまに役立つ保全活動をしていくよう意識改革をすることが、保険業界に必要だと思います。

6　低い予定利率が長く続き、「契約転換は悪」という思い込みが定着

次ページの図7に示しているとおり、バブルが崩壊する1990年代初頭までは、生命保険の予定利率は上昇基調にありました。このように予定利率が上がっている時期は、保障の見直しにあたって、既契約を転換して新契約に加入することは、お客さまにとって有利なことでした。

転換とは、現在の契約の積立部分である責任準備金や積立配当金を下取りして、新しい契約の一部にあてることで、新たに契約するよりは保険料負担を軽減することができるという制度です。年齢が上がって保険料が上がっていることを差し引いても、予定利率が高い保険に入りなおすメリットの方が大きいケースが多かったのです。

予定利率が下がり続けて、「転換は悪」という風潮に

ところが、バブル崩壊後、日本で低金利の時代が到来すると、保険会社は新契約の予定利率をどんどん下げていきました。実際の運用利回りが予定利率より低くなってしまう逆

図７　予定利率の推移

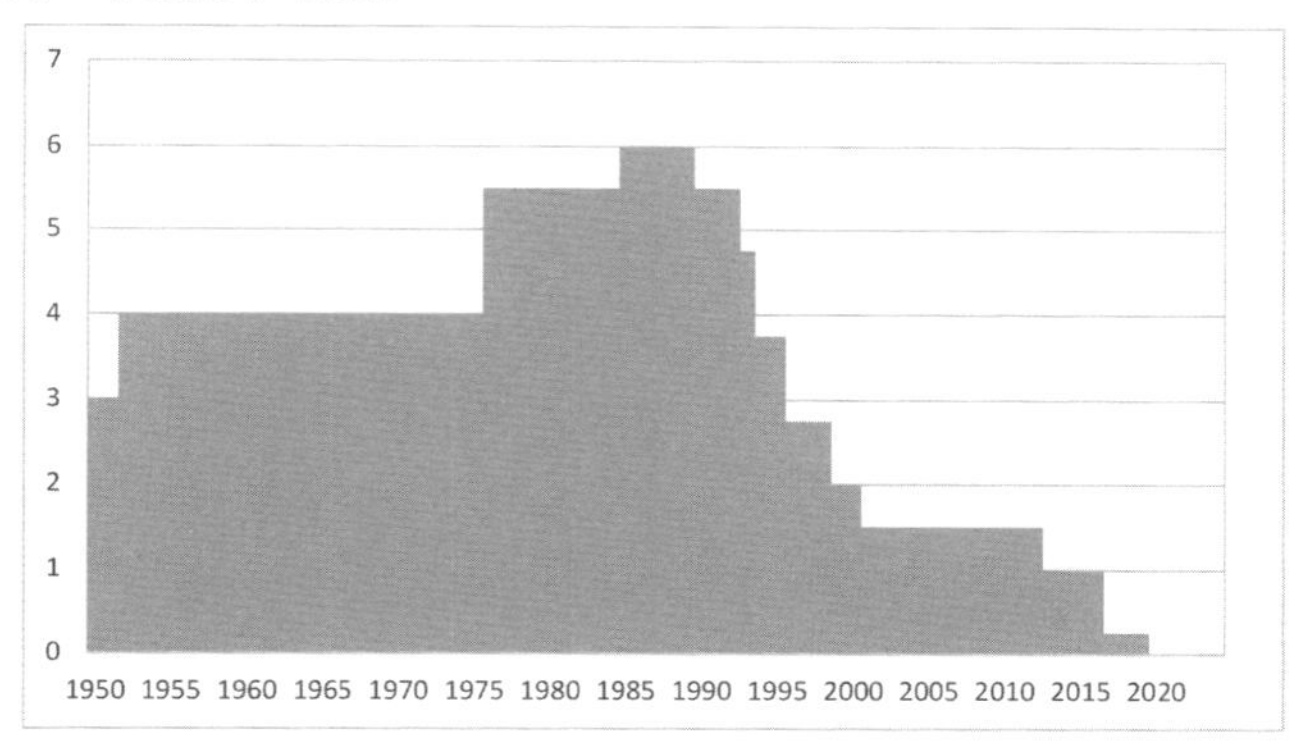

金融庁　金融審議会金融分科会第二部会　参考資料をもとに作成

※ 1997 ～ 80 年度の 5.5%については保険期間 20 年以下の養老保険の一般的な水準
※ 1981 ～ 84 年度の 5.5%については保険期間 10 年超 20 年以下の養老保険の一般的な水準
※ 1985 ～ 89 年度の 6%については保険期間 10 年超 20 年以下の養老保険の一般的な水準
※ 1990 ～ 92 年度の 5.5%については保険期間 10 年超の養老保険の一般的な水準
※ 1993 ～ 95 年度の 4.75%および 3.75%については養老保険の一般的な水準
※ 1996 年度以降の予定利率については、標準予定利率（1996 年大蔵省告示第 48 号）

ざや現象が保険会社の財務を圧迫し、それを解消するために、高い予定利率の既契約（俗に言われる「お宝保険」）を、予定利率の低い契約に転換させようとする営業活動が目立つようになったのです。営業社員の中には、「会社のためになる」と言われて、それを信じて一生懸命転換を勧めていた人もいます。

けれども、こうした背景から、マスコミ等で「契約転換は悪である」と、さかんに宣伝されるようになりました。

確かに、保障の見直しニード

もないのに、ただ予定利率を下げるためだけに契約を転換させることは良くないことだといえるでしょう。けれども、死亡率が改善している場合や、お客さまのライフステージや状況によっては、転換が合理的な方法である場合もあるのです。

「転換は悪」という風潮ができあがってしまったことで、保全活動にブレーキがかかったと言えるのではないかと思います。

予定利率が上がっていく局面では転換も選択肢の一つに

長い低金利時代は終わりを告げ、今後、金利は上昇局面に入ると予想されています。「転換は悪」という思い込みにとらわれず、お客さまのニードに応じて、転換によってお客さまのためになるプランが提示できるのであれば、転換を選択肢の一つとして積極的に活用するべきだと考えます。

ただし、既契約の転換価格を、主契約や特約など、新契約のどの部分に充当するのか、転換制度のメリット・デメリットにはどんなことがあるのかということについて、しっかりとお客さまに説明することが必要なのは言うまでもありません。

7　構成員契約規制の継続

旧アリコジャパンやアフラック生命保険株式会社が日本で事業を開始する際、既存の国内生保の営業組織とバッティングしないよう、多くの社員を雇用している企業や企業グループの系列会社である企業代理店と募集代理店契約を締結し、そこを通して社員に疾病保険（現在の医療保険）やがん保険を販売していくという戦略をとりました。

企業・グループ企業の人事部や労働組合の協力のもと、主に文書を社内で回覧して申込を募る方式で医療保険やがん保険を販売し、シェアを伸ばしていったのです。

企業代理店を通して保険に加入した社員には、ほとんど保全活動がなされない

ところが、企業代理店を通してがん保険に加入したお客さま（すなわち企業・企業グループの社員）に対して、保障の見直しや、他のニードに対するクロスセル・アップセルといった保全活動がなされることはほとんどありませんでした。

その要因の一つには、文書募集という、低コストで手間のかからない募集方法に慣れてしまい、わざわざ人材を投入してまで保全活動を行う気にならなかったことや、年々積み重なっていく初年度手数料や継続手数料で十分な収益を得ることができていたことがあげられるでしょう。

けれども、もう一つの要因として「生命保険の構成員契約規制」があると考えています。この規制が存在することで、企業代理店は、保全をしながら保障性商品や資産性商品のクロスセルやアップセルにつなげてカスタマーシェアを拡大していくことができず、それが、保全活動をしていこうとするインセンティブを失わせていると考えるのです。

生命保険の構成員契約規制とは

生命保険業界以外の方にはなじみのない言葉だと思いますが、生命保険の募集代理店である企業には、その企業や、その企業と密接な関係を有する企業等の役員・従業員に対して、医療・がん保険等の第三分野以外の生命保険商品を販売してはいけないという「生命保険の構成員契約規制」というものがあります。

この企業代理店には、一般の事業会社の他、窓口販売を行っている銀行等の金融機関も含まれます。したがって、代理店事業を行っている企業は、生命保険の新契約を販売する

図８　生命保険の構成員契約規制のイメージ

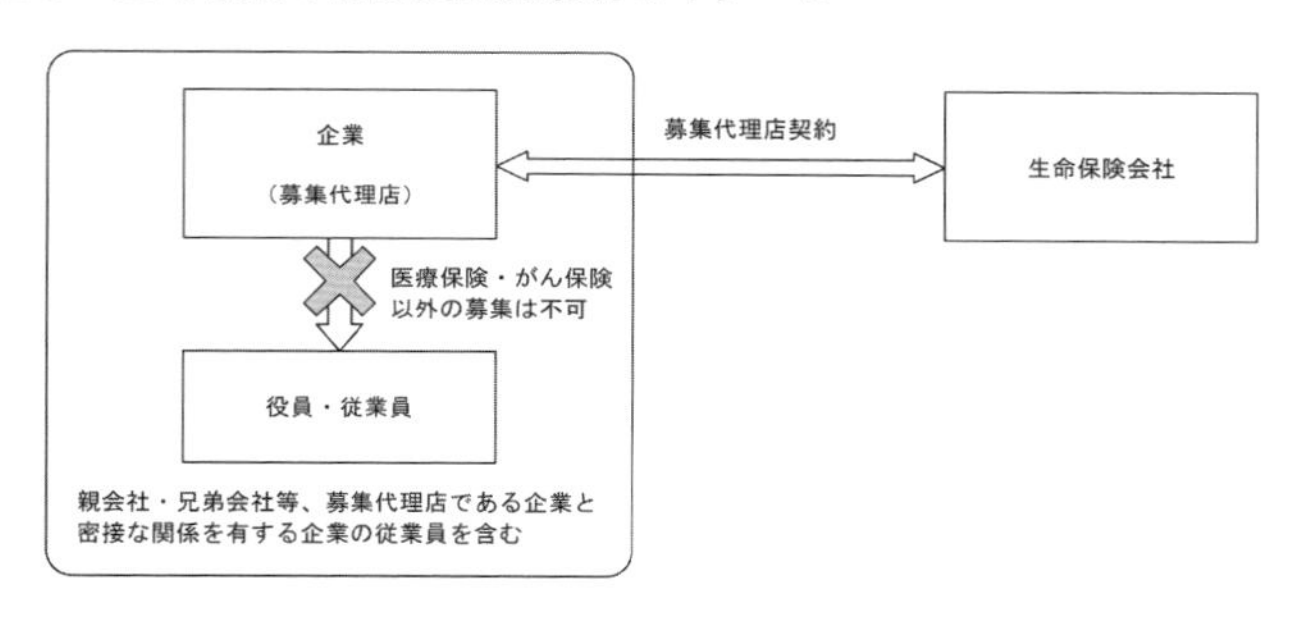

際、お客さまに勤務先等についてお聞きし、構成員契約に該当するかどうかの判定をしなければなりません。正社員だけでなく、パートタイマーやアルバイトであっても、医療保険・がん保険以外の生命保険商品を販売してはいけないので、たとえお客さまから要望されても、説明や申込をお断りしなくてはなりません。また、企業代理店に勤務して、実際に募集に携わっている人でさえ、自分の扱いで生命保険に加入することができないのです。

とても不思議な規制と思われるかもしれませんが、この規制は、企業代理店が、自社の社員や親会社・兄弟会社等の社員に生命保険の募集を行うと、業務上の地位を不当に利用して圧力募集を行い、保険契約者の保護に欠けるおそれがある、ということから設けられました。

というのは実は建て前であり、実際は、生命保険販売の中心である専業の営業社員の既得権益を守るため、強い募集力を持つかもしれない企業代理店の活動に制限をかけたいという生命保険業界の要請により生まれた規制であると言われています。

ただ、規制ができた段階で、先に述べたように既に医療保険やがん保険は販売されていたし、外国資本の保険会社ともめないようにという配慮で第三分野の保険は除外されたのです。

これからの企業代理店の役割

現在、日本人全体の金融リテラシーの向上を図るため、学校教育だけでなく、社会に出てからの社会人教育の場として、職域の重要性が指摘されています。金融庁も推進しているところであり、２０２４年4月には、一般の消費者を対象に金融と経済の知識を普及・教育するための金融経済教育推進機構も設立されました。

少子高齢化や財政の悪化等により日本の社会保障・社会保険がだんだん不安定になりつつある現在、さまざまなことに関して「自己責任」という言葉が使われるようになってきています。ところが、自分で自分の責任をとるだけの金融リテラシーを持っているかというと、あやしいと言わざるを得ない状況です。自分の人生をどのように運営していくかという「ライフプラン」、貯蓄だけでなく将来必要となる資金を計画的に準備していく「資産形成」、そして、さまざまなリスクに対して貯蓄とは別の形で備えておく「保険」などについて、グループ企業全体の社員に対して、学ぶ機会と、解決策を実行する手段を提供することが、これからの企業代理店の役割であると言えるでしょう。

このような役割を果たしていくうえで、「生命保険の構成員契約規制」は阻害要因でしかありません。従業員のライフステージが変化して、医療保障だけでなく死亡保障の見直しが必要な状態になっても、アドバイスも何もできないのですから。

お客さまを第一に考えて、構成員契約規制についての見直しを

生命保険の構成員契約規制については、窓口販売を行っている銀行業界や、代理店事業を行っている損害保険業界が中心となって撤廃するべきだと主張しています。

一方、生命保険業界は、大手の保険会社や生保労連を中心に規制の継続を求めています。

撤廃派、継続派のどちらも「お客さまのため」というのを根拠にしていますが、それぞれの主張の中の問題点（「お客さまの保険加入方法の選択肢が制限される」「お客さまの保護に欠けるおそれがある」）を解決するためにはどうしたらよいか、という方向での検討が

必要だと思います。

保険審議会でも継続検討するテーマであると位置づけられていますので、1日でも早く、真にお客さまのためになる方向に変えていくことが必要だと思います。

第3章

損害保険代理店が生保のクロスセルをできない理由

損害保険の販売については、生命保険と異なり、約９割を損保代理店が担っています（元受正味保険料ベース）。

損保代理店には、損害保険の販売を専門に行う専業代理店と、自動車販売店や自動車整備工場、不動産業などが副業として損保を販売する副業代理店があります。

専業代理店が占める割合は、店数では17・８％ですが、保険料ベースでは39・２％を占めています（２０２２年度末）。

図９でおわかりのとおり、専業代理店数は年々減少しており、約20年間で半分以下になりました。

これは、小規模に行っていた個人代理店等の法人化や合併が進んできたことが大きな理由になっ

図９　専業代理店数の推移（万店）

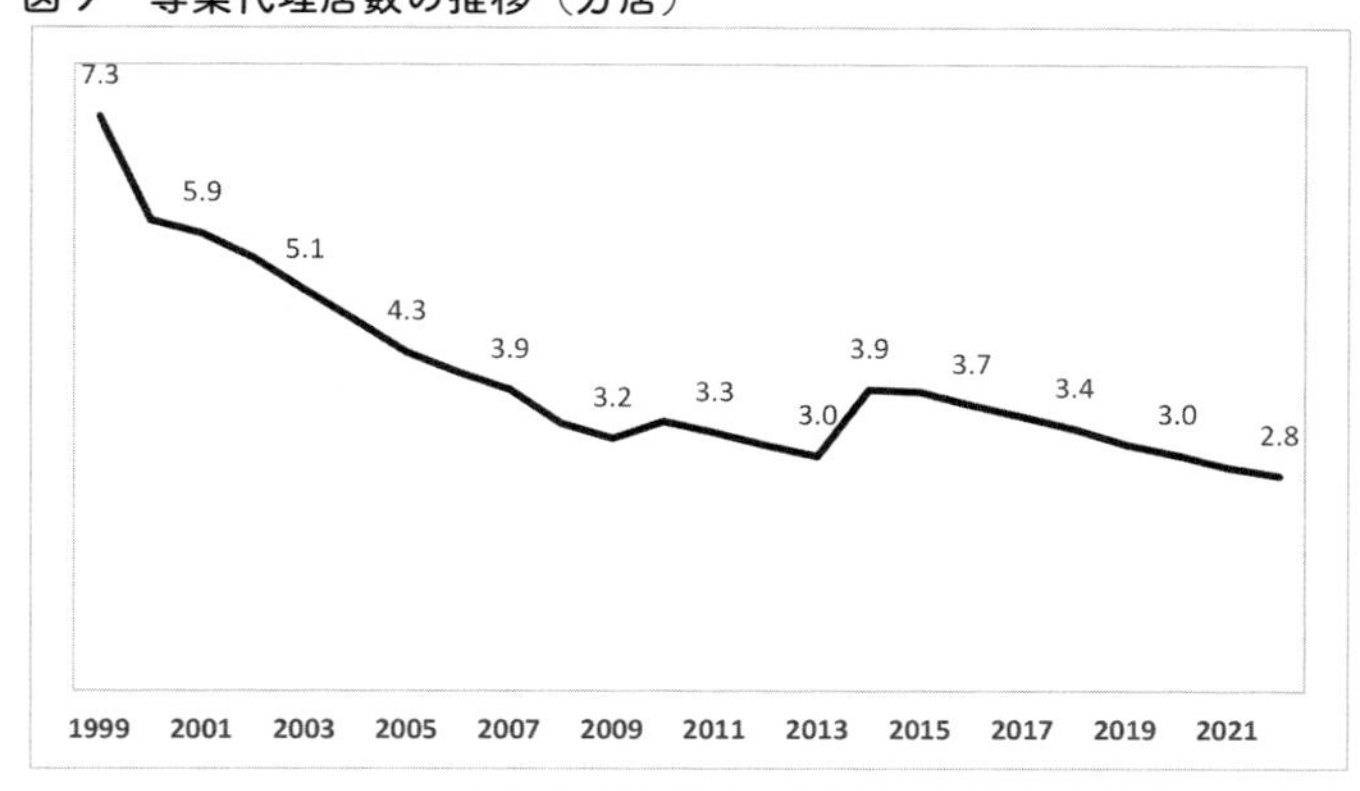

日本損害保険協会　損害保険代理店統計より作成

ています。そのため、専業代理店の募集従事者数は、代理店数の減少ほどには減少していません。

保険販売を専門に行う専業代理店は、少子化や自動車購入者の減少、ネット保険の普及等により収入保険料が減少したり手数料率が低下したりする一方、態勢整備義務やデジタル化等の新たな対応が求められているという課題を抱えています。こうした環境の中で、新たな収益源として、既存のお客さまに対して生命保険も販売したいと考えている損保代理店が少なくありません。

同じ「保険」を販売しているといっても、生命保険の営業社員・代理店と損害保険代理店は、考え方や仕事の仕方が全く異なり、なかなか生命保険の販売に結びつけることができません。

この章では、損害保険代理店がなぜ生命保険のクロスセルをすることができないのかということについて見ていくことにします。

1　契約更改を作業と考えている損保代理店の営業社員

お客さまに生命保険を販売するときは、生命保険なんて全く考えてもいない方に「なぜ生命保険に入る必要があるのか」ということを説明し、納得していただくことから始めます。

一方、自動車保険や火災保険などの損害保険は加入することが当たり前の商品であり、自賠責保険などは法律で加入が義務化されているほどです。したがって、お客さまも、自動車を購入したりマイホームを取得したりしたときには、必ず保険に入るものと覚悟しており、損保代理店は、その手続きをすればよいだけなのです。

新規のお客さまを獲得するために損保代理店が気にかけることは、いかに他社に先駆けて自動車や家を購入する人を見つけることができるか、ということが中心になるでしょう。

損害保険の営業社員は、契約更改をいかに効率的に行うかを重視

多くの既契約者を抱えている損保代理店の営業社員にとっては、契約更改は機械的に行

う作業で、いかに効率的に行うかということを最も重視する傾向があるようです。

それに対して、生命保険の販売は、お客さまの状況や家族に関する情報収集、保障に関するニード喚起、複雑な商品の説明、クロージングといったセールスプロセスを行わないと、成約に結びつけることができません。

損害保険の仕事の仕方に慣れてしまっている損保代理店の営業社員は、「こんな面倒なこと、とてもやってられない」というのが本音でしょう。

保有契約を豊富に抱える営業社員は、契約更改だけで食べていける？

例えば、月々の保険料が約2万円の契約を毎月18件ずつ更改していくとすると、年間保険料の合計は５１８４万円＝（2万円×12か月）×18件×12か月になります。手数料率を20％とすると１０３６万円となり、生活していくための収入はある程度それだけで確保できるといえるでしょう。稼働日を考えると、１日１件の契約更改をこなしていけば、十分食べていけるというわけです。もちろんそれ以上の収入を得たい場合は、より多くの保有契約を抱えて件数を増やすか、別の収入源の業務にチャレンジするか、ということになります。どちらも、労力や手間が必要となりますので、できるだけ効率よく仕事（作業？）

をこなしたい、という考え方になるのも仕方ないと言えるのかもしれません。

生命保険は、ニードが顕在化している医療保障が限界？

別の収入源の一つが生命保険販売です。その中でも、お客さまのニードが顕在化していて、説明もしやすい医療保険やがん保険であれば、損保代理店でも販売する例が増えています。ＤＭを送ったり、対面時にチラシやパンフレットを提示したりして、「どうです？入りますか、入りませんか」と投げかけ、ＯＫが出ればそのまま手続きをするだけです。けれども、お客さまのライフプランを明確にしたうえで、潜在的なニードを顕在化させる死亡保障の販売までは行きつくことが難しいというのが実情です。

また、資産形成に向いた商品に関しても、確かにお客さまにニードがあることはわかるのだけれど、勉強不足できちんと説明できないからか、販売することにチャレンジしないというのが本音のようです。

生命保険、特に死亡保障の生命保険は、お客さまと対面し、さまざまなお客さまの情報を収集してニードを把握することから募集活動がスタートしますので、郵送や電話ですまそうとしている限り、成功することは難しいといえるでしょう。

2 人との接点を後回しにする／人に興味のない損保代理店の営業社員

損保代理店の営業社員が生命保険の新規契約を獲得するとき、多くは1～2回の面談で契約手続きまで持っていくそうです。

生保会社の直販営業社員や生保代理店の営業社員が、3回未満の面談回数で完了することはほとんどないという経験値は、損保代理店の営業社員からすると、とても考えられない習慣であるといえるでしょう。忙しいから時間がかけられないというのもあるのでしょうが、どうやら損保代理店の営業社員は、人との接点をいやがるという傾向があるのかもしれません。

最近の若い人は、「なるべく人と話したくない」「メールやチャットはいいけれど電話は苦手」と感じている人が多いという話をよく聞きます。家族や親戚、友人など、人とコミュニケーションをとる絶対量が少なくなっていることに加え、相手から予想外の反応が返ってくるのがこわい、傷つきたくない、という気持ちが根底にあることが原因だと言われています。

損保代理店の営業社員にも同じことが言えるのかもしれません。

生命保険の販売は人と対面することからスタートする

損害保険はモノの保険であるのに対して、生命保険はヒトの保険です。

しかも死亡保障は、自分に万一のことがあった場合に、自分以外の誰かのために加入する保険です。

したがって、お客さま自身の事情や考え方、お客さまが大切にしている家族のこと、そしてその家族への想いを知らなければ、的確な保障プランを提案することも契約していただくこともできません。

しかも、生命保険への加入ニードについて、お客さまが自分自身で気づくことはとても難しく、生保の営業社員からニード喚起されてはじめて気づくことが多いのです。

生命保険の販売は、人に興味を持ち、人と対面するということからスタートしなければなりません。

3　時間がかかる生命保険の販売プロセスを面倒くさがる損保代理店の営業社員

生命保険販売の優績者は、最初にお客さまにお会いしてから契約を締結するまで、3～4回面談するのが普通です。

1回目はお会いして保険会社や代理店、自分自身についてご理解いただいたうえで、お客さまの状況をできるだけ詳しくお聞きしてニードを把握します。そこですぐに提案するのでなく、期待を高める程度の予告にとどめておきます。

2回目の冒頭は、お客さまの熱量は少し冷めていますので、前回のおさらいをして期待を高めたうえで保障プランを提案します。お客さまの疑問や反論に対応しながら、次回に結論を出してもらう約束をして3回目につなぎます。

3回目でお客さまの意思が決まれば契約手続きを行いますが、追加の要望や反論が出てきた場合には、さらにプランを修正して4回目に最終決断をしてもらいます。

生命保険の販売にあたっては、面談する回数が3～4回と損害保険の場合に比べて多いとっていきます。

だけでなく、それぞれの面談時間も、１時間程度かけてじっくりとコミュニケーションを

販売プロセスにしっかりと時間をかけることが、お客さま満足につながる

保険販売を作業だと思って、できるだけ募集活動を省力化している損保代理店の営業社員は、こうした生命保険販売プロセスを非常に面倒くさいと感じることでしょう。

けれども、こうやって時間をかけて徐々にお客さまの満足度を高めていく販売プロセスを実践することで、お客さまはその保障プランの必要性を実感して、契約時に「自分は良い買い物をした。これで一安心だ」と満足してくださるのです。

そして、その過程に一緒に携わった営業社員に対する評価も高まって、クロスセル・アップセルにつながったり、更なるお客さまを紹介してくださったりするようになるのです。

プロセスを端折ると、お客さまの満足度が上がらず、成約にも結びつかない

面倒だからといって、このプロセスを端折ってしまうと、お客さまは「保険に加入する」という意思決定を先送りして、なかなか契約に結びつきません。

お客さまに関する情報収集も不十分で、成約に結びつかないということは、この活動にかけた時間自体が丸々ムダだったということになってしまいます。

4　損保代理店の生命保険クロスセルを成功させるためには

損保代理店の営業社員が生命保険販売にチャレンジして成果に結びつけていくためには、これまでの損害保険販売で行ってきた習慣を少しずつ変えていくことが必要です。

損害保険の更改時は、郵送ですませるのではなく必ずお客さまと面談する

まず、損害保険の更改と生命保険の販売を分けて考えるのではなく、損害保険の更改手続き時に、郵送だけですませるのではなく、面談する機会を確保することからスタートするのがよいでしょう。

必ず、事前にアポイントをとっておき、30分～1時間の面談時間を確保します。アポイントをとろうとすると断られると考え、「近くまで来たので、ついでにお寄りしました」などと言って、突然訪問することも適切ではありません。

アポイントをとらずに訪問することは、相手の都合を考えない行為であり、迷惑がられたり、十分な時間がとれなかったりすることにつながります。

あらかじめ面談時の話の進め方について計画を立てておく

面談に備えて、お客さまに関する情報や契約内容をあらかじめ確認しておき、当日の話の進め方について計画を立てます。

損害保険の手続きについては、郵送で行う場合と同様に、必要書類をそろえ、お客さまにご記入いただく箇所等を明確にしておくといった準備を行います。あわせて、お客さまやご家族の状況、加入済の保険などについて、お聞きしたい項目をリストアップしておき、どのように質問していくかについて考えておきます。

面談時は、損害保険の手続き後に計画に沿ってお客さま情報を収集していく

面談日当日は、自己紹介と面談の機会をいただいたお礼を述べたあと、まず損害保険の更改手続きについてお客さまの理解度にあわせて説明し、手続きを行います。

続いて、計画に従ってお客さまや家族の情報を収集していきます。その場ですぐに医療保険やがん保険などのパンフレットを取り出すのではなく、まず、お客さまの情報を収集することでニードを把握し、そこから最適な保障提案につなげていくのです。

ただ、これまで訪問もせず、コミュニケーションをとろうともしなかったのに、急にお

客さまに質問し出したら警戒されるかもしれません。こうした懸念をクリアするために、次のような工夫をしてみることも有効でしょう。

●会社の方針として、会社や保険（損害保険・生命保険）に関するお客さまのご意見をお聞きすることになったので、改めてお客さまの状況をお聞かせいただき、ご意見をいただきたいと口頭で伝える。

●会社名のあいさつ文を持参し、モノだけでなく、ヒトに関するあらゆるリスクに対応していくこととなったので、改めてお客さまのニードについて確認させていただきたいと伝える。

●ペアで訪問し、新しい担当者と情報を共有するために、改めてお客さまに関していろいろお聞きしたいと伝える。

そして、最後に、損害保険契約更改手続きのご報告と、新しい保障内容のご提案のために、次回のアポイントを必ず取得します。

収集した情報は顧客情報システムに入力し、情報を共有する

損害保険更改手続きで対応した内容や商談結果、面談時にお客さまからお聞きした情報は、顧客情報システムにできるだけ詳細に入力します。

そして、お聞きした内容をもとにお客さまのニードを導き出し、保障プランを策定して次回の提案につなげていきます。

このような活動を習慣化することが、結果的に効率的に活動することになり、お客さまからの信頼も増して、クロスセル・アップセルにつながっていくという相乗効果をもたらすでしょう。

生命保険の専任担当者を新たに採用するのも選択肢の一つ

けれども、損保代理店の損保担当者が、長年培った習慣を変えることは並大抵のことではないと思います。また、生命保険販売におけるセールスプロセスや生命保険の商品内容等、新たに学ばなければならないことも山ほどあります。損保担当者が、生命保険の死亡保障商品や資産形成商品をしっかりと販売できるようになるまでには、相当の時間を要するでしょう。

そこで、損保担当者に生命保険の販売を任せるのではなく、新たに生命保険の専任担当者を採用するという選択肢をとることも考えられます。その場合の損保担当者の役割は、生命保険の見込客を生命保険の専任担当者にトスアップすることとなります。一人のお客さまに対して、生命保険担当者と損害保険担当者が一緒に対応をしていくことで、お互いの仕事内容に触れることになり、仕事をしながら両方のスキルを習得することにもつながります。

また、コスト等の関係で新たに生命保険の専任担当者を採用することが難しい場合は、既存の生命保険代理店と共同募集方式で生命保険販売していくことも可能です。

損保の更改タイミングで、損保担当者と生保担当者がコラボレーション

損保担当者と生保担当者が一緒に活動する場合は、損保契約の更改タイミングにあわせて、２か月前から準備を始めます。お客さまへアポイントをとる際は、生保担当者が同行することを伝えます。お客さまに医療保険やがん保険のニードがあることが明らかであっても、損保担当者だけで契約手続きを済ませてしまうのではなく、あくまでも生保担当者と同行するようにします。

生保担当者は損保担当者からの情報をもとにお客さまとのオープニングインタビューのイメージを膨らませ、入念なロールプレイを行って訪問準備を行います。

当日は、損保担当者と生保担当者が2人1組で面談に臨みますが、まずは損保担当者の更改手続きを行います。更改手続きを迅速・正確・丁寧に行うことがお客さまからの信頼を得ることにつながりますので、ここは損保担当者の腕の見せ所です。

次に、生保担当者へトスアップし、生保担当者は準備したシナリオに沿ってオープニングインタビューを行います。

最後に、次回のアポイントを取得して、次の生命保険のセールスプロセスにつなげていきます。

次回以降は、損保担当者と生保担当者が同行してセールスプロセスを実地で習得するようにしてもよいですし、生保担当者が単独で訪問することも可能です。いずれにしても、訪問した結果等の情報はしっかりと共有しておき、どちらにお客さまから連絡が来ても話が通じるようにしておくことが必要です。

第4章　他業界における保全活動

私は、生命保険販売というビジネスにおいて、自分のブランドを確立することが極めて重要だと考えています。

アメリカの経営学者で「マーケティングの父」と言われるフィリップ・コトラーは、ブランドとは「個別の売り手または売り手集団の商品やサービスを識別させ、競合他社の商品やサービスと区別するための名称、言葉、記号、シンボル、デザイン、あるいはこれらの組み合わせ」であると定義しています。

その会社の商品を持つこと、使用することで、その会社や商品のファンになり、その商品を継続して購入し、他の人にも勧める。お客さまにとって、このような存在になることを目指すことが重要だと考えるのです。

お客さまに、他とは違う価値を持つブランドだと認識していただくためには、単に「良い商品さえ提供しておけばよい」というわけではありません。お客さまとのあらゆる接点において、お客さまに「さすが〇〇」と思っていただけるような、１本筋の通った体験(Brand Experience：ブランドエクスペリエンス)を提供し続けることが必要なのです。

つまり、生命保険販売においては、単に「保険商品を販売する」だけでなく、「生命保険にまつわるすべての体験を提供する」ことが重要であり、この体験の中には、加入段階での営業担当者やコールセンターとのやりとり、お客さまの状況に応じてカスタマイズされた保障プランに加え、加入後の保全活動などのすべてが含まれます。

最初に日本の生命保険販売においてコンサルティング営業スタイルを確立した外資系の生命保険会社は、それまでのGNP（義理・人情・プレゼント）を中心とした人海戦術の販売スタイルとは全く異なるブランドを確立しました。保険商品を売り歩く「セールスマン」ではなく、保険の入り方をお客さまに教えて回る「先生」という立場に通ずるブランドを作り上げたといえるでしょう。

生命保険以外にも、このようなお客さまのブランド体験を積み重ねて、お客さまからの信頼につなげることを重要な戦略としている企業がたくさんあります。

この章では、そうした企業の取組みについて見ていき、それを生命保険販売にどのように応用していけばよいか考えてみたいと思います。

１　ブランドエクスペリエンスの事例

何が「レクサス星が丘」を「キング・オブ・レクサス」にしたか

トヨタ自動車のレクサスは、もともとは北米市場でキャデラックやリンカーン、ドイツのメルセデス・ベンツやＢＭＷに対抗するモデルとして開発された最高級車ブランドです。実用車のイメージが強かったトヨタとは異なるブランド戦略で高級車市場の参入に成功したレクサスは、そのイメージをそのまま逆輸入する形で２００５年８月に日本展開を開始しました。販売チャネルについても、既存の販売店網とは異なる「レクサス店」が創設され、既存の優秀な店舗の中から一定の条件をクリアした販売店に、レクサス店の開設が許されました。

そんな中でオープンした「レクサス星が丘」は、レクサスという車の魅力で、ベンツやＢＭＷ、ポルシェ、フェラーリといった世界の高級車のオーナーを引き寄せ、そこから「レクサス星が丘」とお客さまの関係が始まりました。オープン後3年間は、順調に受注台数を増やしていきましたが、3年目にリーマンショックが起こって受注台数が一気に落ち込んだことがきっかけとなり、再度、設立時の理念に立ち戻って「おもてなし」を追求したことから、数々の「レクサス神話」が生み出されていったのです。

店舗の前を通るすべてのレクサスに深々とおじぎをする警備員、近隣のデパートを訪れるお客さまへの駐車場提供・洗車の無料サービス、決して「わかりません」と言わずにお客さまの要望に応えるコンシェルジュ・サービスなど、「レクサス星が丘」には、お客さまを感動させるさまざまなエピソードがあふれています。けれども、それらは特別な人が特別なことをしたというのではなく、アソシエイト（接客）、セールス（営業）、テクニカル（整備）のメンバー一人ひとりが、職種の壁をこえて「チームレクサス」としてお客さまを守り続けた結果の集積であり、それが「キング・オブ・レクサス」という評価につながっていったのです。

実は、私がプルデンシャル生命の本社社員の教育担当だった当時、「レクサス星が丘」を見学させてもらったことがあります。当時の専務である山口峰伺氏（現トヨタモビリティ東名古屋株式会社代表取締役）の話の中にあった、「一度レクサスのお客さまになっていただいたお客さまには、一生涯レクサスのお客さまでいてほしいと思う気持ちでお客さまに接しています」という言葉を、今でも忘れることができません。

誰でもやろうと思えばできることを、誰も真似できないくらいに徹底して継続する先に、誰もが感動する「奇跡」が生まれるのです。私が提唱する保全ビジネス®も、常に、どうすればお客さまの役に立つことができるのかと考え続け、誰にでもできる保全活動を、根気強くコツコツと継続することが成功の鍵となります。この「凡事徹底」の精神が、「レクサス星が丘」と保全ビジネス®に共通するポイントであると感じるのです。

リッツ・カールトンの各従業員に認められた「1日2000ドルの決裁権」

ザ・リッツ・カールトン・ホテル・カンパニーは、世界70ヶ所でホテル&レジデンスを展開しており、CS（Customer Satisfaction：顧客満足）やマーケティングの教科書で必ず紹介されるような、数多くのエピソードを有しているホテル・チェーンです。そのエピソードの一つが、リッツ・カールトンの従業員一人ひとりに、1日2000ドル（現在価値では約30万円）の決裁権が与えられているというものです。

2000ドルの決裁権が実際に使われた例には、次のようなことがあるそうです。

ホテル内のフレンチレストランで、今にもぐずり出しそうな子どもがいたときに、レストランのスタッフが、リッツ・カールトンのショップで販売しているオリジナルのライオンのぬいぐるみを調達してきて、「これで遊んでてね」と言って渡したそうです。子どもは機嫌をなおし、その家族だけでなく、他のお客さまの楽しい食事の時間と雰囲気を守ったのです。

また、講演旅行中のある大学教授が、ホテルをチェックアウトして、次の講演地に赴くために新幹線に乗った後で、ホテルに眼鏡とその日の午後に講演会で使う資料を忘れたことに気づきました。新幹線の中からあわててホテルに電話をしたところ、電話を受けたスタッフは、すぐに新幹線で追いかけ、目的地で眼鏡と資料をお渡しすると申し出たそうです。その教授は、それらをスタッフから無事に受け取ることができたことに感動し、講演会の席上でリッツ・カールトンのことをほめちぎったそうです。

1日2000ドルをすべてのスタッフが毎日使うわけではありませんし、実際に使われる金額は年間でもわずかなものだそうですが、ここまで自分の判断で行動することが許されていることがスタッフのモチベーションアップにつながり、自分のホテルを誇りに思うようになることは確かでしょう。また、これらのエピソードの一つひとつがいわば伝説となって、広告宣伝費にお金を使うよりも、はるかに効果的な宣伝になっているのです。

私が提唱する保全ビジネス®も、一つひとつの保全活動がお客さまの心に通じ、それが信用と安心というブランドをつくり上げ、そしてまた、そのサービスに触れたお客さまが長くお客さまであり続けてくださる、こんな好循環を生み出していくことを目指しています。

長く使いながら、さまざまな商品ラインを重ね売りするラグジュアリーブランド

ルイ・ヴィトンやエルメス、シャネルなどのラグジュアリーブランドは、高価ではあるものの、高品質で長くお客さまに使ってもらうことを前提にブランド展開しています。そのために、ファスナーや金具などが壊れると、新しいものに買い替えることを勧めるのではなく、本場の純正部品を使用して一つひとつ丁寧に修理してくれます。

また、ウェア、小物、宝石、鞄、靴、時計などさまざまな商品ラインアップをそろえており、そのブランドのファンになったお客さまは、一つの商品を長く使いながらも、ついつい自分の身の回りのものを、次から次へとそのブランドでそろえたくなってしまうのです。

生命保険も、お客さまのさまざまなライフステージの中で、何度も見直して加入する機会が訪れます。ラグジュアリーブランドの戦略は、保全活動を繰り返しながらお客さまのタイミングを的確にとらえ、適切な商品のクロスセル・アップセルにつなげていくという

保全ビジネス®にも通用する戦略であると考えます。

ハレの場としての百貨店のイメージを支えるコンシェルジュ

かつて、一億総中流と言われた時代は、休日などの特別なハレの日には、百貨店の売り場でショッピングをし、大食堂でおいしいものを食べ、食品売り場で高級なお惣菜やお土産を買って帰る。百貨店にはこんなイメージがありました。その後、スーパーマーケットやコンビニエンスストア、アウトレットモールなどが現れて小売店舗が多様化し、さらにeコマースが出現したことで、百貨店で買い物をするお客さまが減少し、現在、苦境に立たされている百貨店も少なくありません。

けれども、以前のイメージを持ち続けている方、特に高齢の方にとっては、依然として百貨店はわざわざ足を運ぶだけの価値がある場所であり、バイヤーが全国・全世界から選りすぐって集めてきたモノを一堂に見せてくれる場所なのです。セール時以外は、商品は定価で売られるにもかかわらず、上手に演出された独特の雰囲気の中で、つい買う予定のないものまで買ってしまったという経験をお持ちの方も多いのではないでしょうか。

老舗デパートの一つである高島屋では、コンシェルジュがお客さまに対応するときの基本行動として、お客さまからのあらゆる要望に対して「NOと言わない」ということがあるそうです。お客さまが求める商品を取り扱っていない場合に「ありません」と言うと、お客さまとの会話がそこで終わってしまいます。取り扱っている別の店舗を案内したり、メーカーから取り寄せたり、お客さまの要望に合う別の商品をご紹介したりするなど、できることはたくさんあります。また、お客さまに困ったことがあり、どうにかしてほしいと思っている場合に「できません」と言うと、せっかく相談してくださったお客さまの期待を裏切ることになります。自分や自社で対応できないことであっても、何とかお客さまの要望に応えられる人や方法を探し出し、その道筋をつけるように心がけるそうです。さらに、知らないことを聞かれて「知りません」と言うことは、お客さまの夢を壊してしまうことになり、百貨店のコンシェルジュとしてとても恥ずかしいことです。インターネットで調べるなり、知っているであろう人に尋ねるなり、そういう努力を積み重ねることが大切なのです。

こうしたお客さまの要望にお応えしていく経験の一つひとつがコンシェルジュとしての財産となりますが、それをコンシェルジュ全員で共有するためには、情報を記録として蓄積し、誰でも引き出せるようにしておくことが重要だそうです。商品やサービスに関して情報の引き出しを数多く持ち、それをお客さまに提供することで、お客さまに安心感と信頼感を与えることができます。逆に、お客さまの要望が高ければ高いほど、自分の足りないところに気づくことができ、その要望に応えようと努力することで、仕事の質も高くなっていきます。

生命保険についても同じです。

商品内容や金融や経済、社会保障については、プロとしてお客さまに情報提供する立場ですので、さまざまな情報の引き出しの中に、常に最新の情報を詰め込んでいくことが大切です。そして、一人ひとりのお客さまの事情やニード、要望については、お客さまの方から教えていただき、それに対してNOと言うことなく対応していくことで、営業担当者の経験値が高まっていき、それが、よりよいサービスや対応につながっていくのです。

生命保険販売におけるブランドエクスペリエンスとは

ここまで見てきたように、ブランドエクスペリエンスを大事にしている企業に共通していることは、競合が多いとか、売上が厳しいとか、自分の都合でビジネスを展開するのではなく、お客さまに何をすれば喜んでもらえるのかということをとことん追求したうえで、自分のスタイルを確立し、それをお客さまからの評価・信頼につなげて、ずっとお客さまであり続けていただくということだと考えます。

これを生命保険販売に当てはめてみると、自分が契約してほしいからお客さまに保険商品を売りつけるというのではなく、どうしたら合理的に保障を確保することができるのかという保険の入り方をお客さまに教え、お客さまの事情をしっかりと把握したうえで、最適なプランを提示して契約手続きを行う。そして、加入後は、定期的に情報提供や情報収集等の保全活動を行って、お客さまの保障を最適な状態に保つ。こうした長いお付き合いを続けながら、その体験をブランド化していくことだと考えます。

現在の生命保険に関しては、お客さまは「〇〇生命の保険に加入している」「△△生命の医療保険に通販で加入した」といった認識をしている方がほとんどだと思います。けれども、「〇〇さんに保険のことをまかせている」「△△代理店がメインバンクならぬメイン保険代理店だ」と認識されるぐらいに、生命保険販売活動と日々の保全活動がブランド化されることを目指すべきだと考えるのです。

2　欧米の金融機関が取り入れたゴールベース・アプローチ

10年近く前から、モルガンスタンレーやゴールドマン・サックスなどの米国のプライベートバンキングを中心に、ゴールベース・アプローチという考え方が取り入れられるようになりました。

ゴールベース・アプローチとは、お客さまがこうなりたいと考える「ゴール」を設定し、それにあわせて、金融機関が資産形成プランの策定や実行といったさまざまなサービスを提供していくというものです。収益構造も、商品を売ったり買ったりすることで販売手数料を得るというのではなく、残高に応じてフィーを受領するというビジネスモデルであり、ゴールベース・アプローチを取り入れた金融機関は、市況に左右されないので収益が安定するという効果をもたらしています。

ゴールベース・アプローチは、生命保険でおなじみのライフプランに近い

ゴールベース・アプローチというと、聞きなれない言葉で、新しい概念のように感じますが、実は、お客さまの将来（就職、結婚、子どもの教育、マイホーム、老後生活、相続など）の姿を見える化し、収入と支出の状況をシミュレーションするというライフプラン、マネープランと近いものがあるのです。そのときどきのリスクに応じて必要保障額を算出して手当するのが生命保険や損害保険、資産形成の観点から手当するのが「ゴールベース・アプローチ」というわけです。

また、一回の商品販売だけでなく、お客さまのゴールを達成するまで数十年間寄り添っていくということも、保全活動を通して、お客さまの保険契約を最適な状態に保っていくということと共通しています。

日本の金融機関もゴールベース・アプローチに注目

米国の金融機関の成功や、近年の日本における「貯蓄から投資へ」の風潮から、日本の銀行や証券会社等の金融機関もゴールベース・アプローチに注目し始めました。従来、日本の金融機関は、「こんなに魅力的な商品、投資対象があります」とお客さまに持ちかけて商品を購入してもらい、購入後は運用経過報告を行うというプロダクトアウトの考え方でビジネスを行ってきました。本当の意味でゴールベース・アプローチを金融機関に根付かせるためには、まず、お客さまに将来のライフプランにそってゴールを設定してもらい、それにあわせて資産運用計画を立てて実行のお手伝いをし、定期的にゴールと実績を確認しながら、必要に応じてプランを修正していく、というマーケットインの考え方に転換していくことが必要になります。

マーケットインの考え方においては、長い期間をかけてお客さまをゴールに導いていくことになりますが、この「ゴール」を設定するために重要なのは、お客さまの将来の夢を聞き出すということです。お客さまが自分で認識している顕在化したニードだけでなく、お客さまが気づいていない潜在的なニードを掘り起こすために、心を傾けて「訊く」という姿勢が非常に大切なのです。長い期間の中で、保全を施しながらお客さまの変わっていくニードを捉え、それぞれの時点でふさわしい金融商品を提供していくというこのプロセスは、正に生命保険における保全ビジネス®によるニードセールスと同じといえるでしょう。

これまで行ってきた方針を転換して、ビジネスのやり方を変えるのは一朝一夕には難しいかもしれませんが、それがお客さまのためであり、金融機関の信頼獲得につながるのであれば、是非とも積極的にチャレンジしてほしいと考えます。

第5章　保全ビジネス®とは

ここまで見たように、生命保険には、保険会社や営業社員、保険代理店による能動的な保全活動が不可欠であり、私は、保全活動を中心に保険販売業務を実践していくビジネスモデルとして、保全ビジネス®を提案しています。

この章では、保全ビジネス®とは何か、保全ビジネス®をどのように展開していったらよいかということについて、具体的に説明していきたいと思います。

1　保全活動の必要性

生命保険は、お客さまに長きにわたって保険料を払い続けていただき、いざというときに保険金や給付金を支払うものです。

長い年月の間には、お客さまの状況や社会の変化等によって保険契約が十分に機能しないことがあるかもしれません。そのような前提のもと、お客さまの大切な保険契約を最適な状態に保つために、地道な保全活動を通して、常に質の維持向上（enhance：エンハンス）を図ることが必要です。

いざというときまで契約を継続していただくために

いざというときに保険金や給付金をお支払いするためには、それまで、お客さまに契約を継続していただかなくてはなりません。

保険は、ケガや病気、家族の死亡といったリスクが実際に発生するまでは、お客さまに価値を実感いただくことができない商品ですので、その時がいつになるかわからない将来のために保険契約を継続していただくには、常にお客さまに加入したときの目的を再認識していただき、保険料を払い続けていただくための保全活動が不可欠です。

お客さまのライフステージの変化に応じて最適な保障を実現するために

人生には、結婚、出産、マイホーム購入、子どもの独立、子どもの結婚、定年退職など、さまざまな節目があり、それぞれのライフステージに応じて、必要な保障内容や保障額が変化します。

ＬＩＭＲＡ（米国の生命保険の研究機関）には、人は、人生において5・8回生命保険に加入するライフステージの変化があるというデータがあります。

つまり、一度生命保険に加入したからといって、一生涯、その保障内容のままでよいわけではなく、ライフステージの変化に応じて保障内容を見直していくことが必要です。

外部環境の変化に応じて最適な保障を実現するために

医療技術の進歩により、ケガや病気、特に以前は不治の病と考えられていたがんに関する治療方法が進化しています。入院期間も短縮傾向にあり、以前の契約内容が現在の医療実態とあわなくなっている場合もあります。

また、民間の生命保険は、国の年金制度や医療保険制度を補完する自助努力として位置づけられるものですが、人口減少や少子高齢化の急激な伸展により、この自助努力の比重が増大しています。

すべての家族のリスクに備えるために

世帯主に保険に加入いただいたとしても、配偶者や子どものケガや病気に対する保障がカバーできていない場合があります。また、別居している両親の介護について心配されている場合があるかもしれません。

このように、保険に加入いただいている方だけでなく、その方を取り巻く家族全体のリスクに備えるために、解決策の提示や実行のお手伝いをすることも必要です。

2　保全ビジネス®の基本プロセス

保全ビジネス®の具体的な活動としては、一人ひとりのお客さまに対して担当者を明確にし、定期的なコンタクトと訪問を繰り返して、お客さま情報とその家族の情報をとり続けることが基本となります。

一般的に、新契約のセールスプロセスについては、図10のように進めていきます。プロセスの冒頭では、しっかりとお客さまと面談の時間を確保していただくためにアポイントをとり、実際の訪問で、ニーズ喚起、お客さま情報の収集、お客さま情報に基づいた提案、クロージング、申込手続と段階を追って進めていき、契約後に発行された証券をもとに契約内容を再度確認して、紹介を依頼します。これを繰り返していくわけです。

これに対して、保全ビジネス®のセールスプロセスは、新契約の証券確認からスタートすることになります。証券確認時に、今後は定期的に保険契

図10　新契約のセールスプロセス

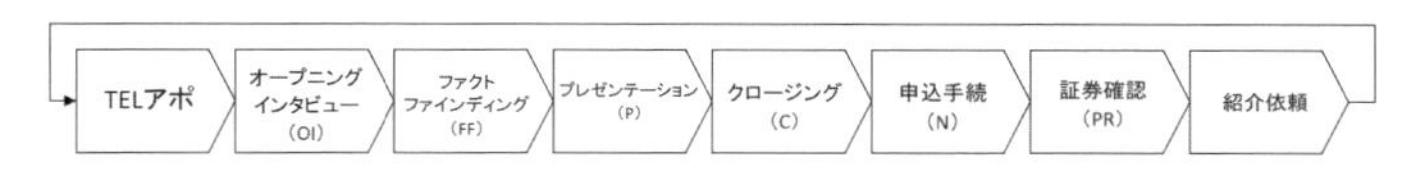

約を見直すことが必要であることを説明し、次回のコンタクトについて予告しておくのです。場合によっては、1年後、2年後のアポイントをとっておくこともあります。

図11の下段は、保全ビジネス®における基本プロセスを表しています。

まず、年に一回、バースデーコールでお客さまとコンタクトをとります。その際、訪問のためのアポイントを取得しますが、保有件数に応じて2~3年に一度は訪問するようにします。訪問時は、契約を継続いただいていることのお礼から始まり、家族の状況について変わりがないか、保険金・給付金等の未請求事項がないか等について確認します。

さらに、保険加入時の目的や保障内容、保険契約の現況などについて説明し、お客さまのニードに応じた情報提供を行います。お客さまの状況に応じて、情報提供だけで終わる場合や、他のニードに

図11　保全ビジネス®のセールスプロセス

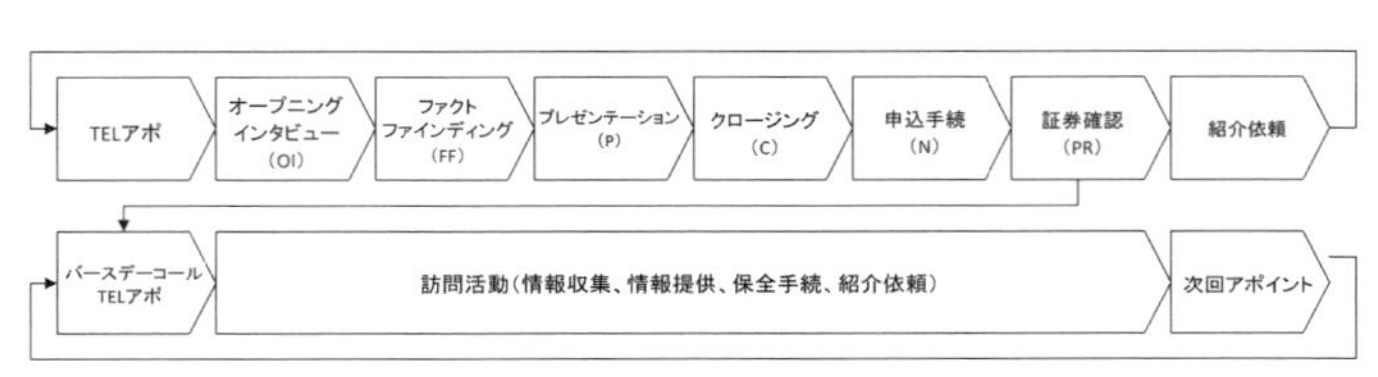

関する提案を行う場合など、さまざまに場合分けされます。

また、ご家族の保障に関する話題の中では、ご家族や親戚の紹介依頼につなげます。

保全ビジネス®においては、お客さま情報の蓄積が不可欠

ここで重要なのは、バースデーコールを行ったことやTELアポイントを行ったこと、訪問活動の結果等について、かならずお客さま情報として記録しておくことです。営業社員の手帳に記入するだけでは、組織として情報を蓄積していることにはなりません。

保全ビジネス®の活動を振り返り、次の活動につなげるためには、お客さまの状況や活動内容を詳細に記録しておくことができる仕組みが必要です。

コンタクトのタイミングは、契約応当日ではなく誕生日が最適

人は、年に一度、必ず誕生日を迎えます。

この日にバースデーコールを行うことで、お客さまと、1年に一回、忘れずにコンタクトをとることができます。保険会社や代理店によっては、保険料が上がる誕生日の2～3か月前にコンタクトをとるように指導している場合があります。

けれども、こうしたタイミングは、真にお客さまのためというよりは、「契約をしてほしいから」という理由が透けてみえ、本末転倒であると感じるのです。

年に一度のコンタクトは、一方通行ではなく双方向に行うことが必要

また、保険会社からは、年に一回、「生命保険料控除証明書」や「契約内容のお知らせ」が送付されています。

けれども、こうした郵便物は、お客さまが必ず読んでいるとは限りませんし、ましてや、お客さまの状況について情報収集することや、給付金・保険金の未請求状況について確認することなどもできません。

お客さまと双方向にコンタクトをとる方法として、お客さまから返信用封筒を同封して返送してもらったり、メールに返信してもらったりすることも考えられますが、やはり瞬時に対応できる電話に勝るものはありません。

保全ビジネス®は、「顔が見え、声が届き、心が通うサービス」

最近は、インターネットでお客さま自身が情報収集したり手続きをしたりする機会も増えていますが、個別の商品の機能などの比較はできても、お客さま自身のライフステージの変化や医療技術・社会経済状況の変化に応じて、保障内容をどのように見直せばよいかということについて、お客さまが自分で判断するのはまだまだ難しいのが実情です。

定期的なコンタクトと訪問を基本とする保全ビジネス®は、「顔が見え、声が届き、心が通うサービス」として、営業社員や代理店などの「人」が、お客さまの状況に応じて必要な情報提供を行い、適宜、保障の見直しや保全手続きを行うという、お客さまと寄り添い続けるビジネスモデルなのです。

3　保全ビジネス®は1年に一回の双方向コンタクトと、2〜3年に一回の訪問が基本

保全ビジネス®においては、バースデーコールで年に一回お客さまとコンタクトをとり、2〜3年に一回、必ず訪問してお客さまと面談します。

バースデーコールの有用性

すべてのお客さまに、契約を継続していただいていることへの感謝の気持ちをこめて、誕生日の当日またはその前に電話をかけます。不在の場合は、留守電に「本日はお誕生日ですね。おめでとうございます」とメッセージを残します。よく、「誕生日なんて来てほしくないよ」と言う方もいますが、誰でも、どんな年齢であっても、誕生日をお祝いしてもらうことはうれしいものなのです。

ちなみに、女性にバースデーコールを行うときは、必ず誕生日当日にかけた方がよいようです。誕生日前に電話をかけると「まだなっていません」と怒られる場合があります。

また、配偶者やお子さまの誕生日に電話をかけて、「今日は奥様（だんな様）のお誕生日ですね。おめでとうございます」とお知らせすることで、「よく教えてくれました、すっかり忘れてました」といって感謝されることもあります。

このように、毎年、バースデーコールを続けることで、お客さまとの関係性を強くすることができます。実際に保全ビジネス®を実践している組織では、1年目、2年目の反響はそれほどでもありませんが、3年目になるとお客さまの反応が劇的に変わる、という経験をしています。お客さまがバースデーコールを楽しみに待つようになり、その日にあわせて相談ごとをもちかけられたり、別のお客さまを紹介していただけたりするようになるのです。

定期訪問の頻度は、保有件数から逆算する

定期訪問の頻度を2年にするか3年にするかは、営業担当者一人あたりの保有契約件数によって違ってきます。

よく、1日で「10件訪問した」「20件訪問した」と自慢する営業担当者がいますが、それだけの件数のうち、果たして、どれだけお客さまと有効なお話ができたのでしょうか。単

に名刺交換や挨拶をしただけ、資料を置いてきただけ、という場合もあるでしょうし、中には不在で会えなかったという件数も含まれているかもしれません。

アポイントを取得して、お客さまとしっかりとしたコミュニケーションを行うという訪問活動は、大体、1年間で500人が限度となるでしょう。一人あたりの保有件数が1000件の場合は、2年に一回定期訪問することになり、1500件であれば3年に一回訪問することとなります。このような考え方で、組織における定期訪問の計画を立てていきます。この保全ビジネス®のノウハウが蓄積され、保有件数が増えてきたら、営業担当者を増やす、という方向性も考えられます。

元となる保有契約は、医療保険やがん保険の場合もあるかもしれませんし、損害保険契約の場合もあるでしょう。

契約の大小にかかわらず、お預かりしている保有契約に対して、保全活動を繰り返しながらお客さまとの関係を築き、お客さまの情報をきめ細かく収集してクロスセル・アップセルにつなげていく、これが保全ビジネス®のビジネスモデルなのです。

４　保全ビジネス®と顧客満足度

見込客を発見してから、オープニングインタビュー（ＯＩ）、ファクトファインディング（ＦＦ）、プレゼンテーション（Ｐ）、クロージング（Ｃ）、申込手続（Ｎ）、証券確認（ＰＲ）というセールスプロセスを経て加入されたお客さまの満足度は、加入時点が最も高くなります。その後、お客さまの要望は、時間の経過にあわせて質の高い保障、ライフステージの変化に応じた最適な保障を持ち続けたいというものに変化していきます。

このとき、何も保全活動をしないままだと、お客さまの満足度は図12のように徐々に下降し

図12　保全活動をしない場合の顧客満足度

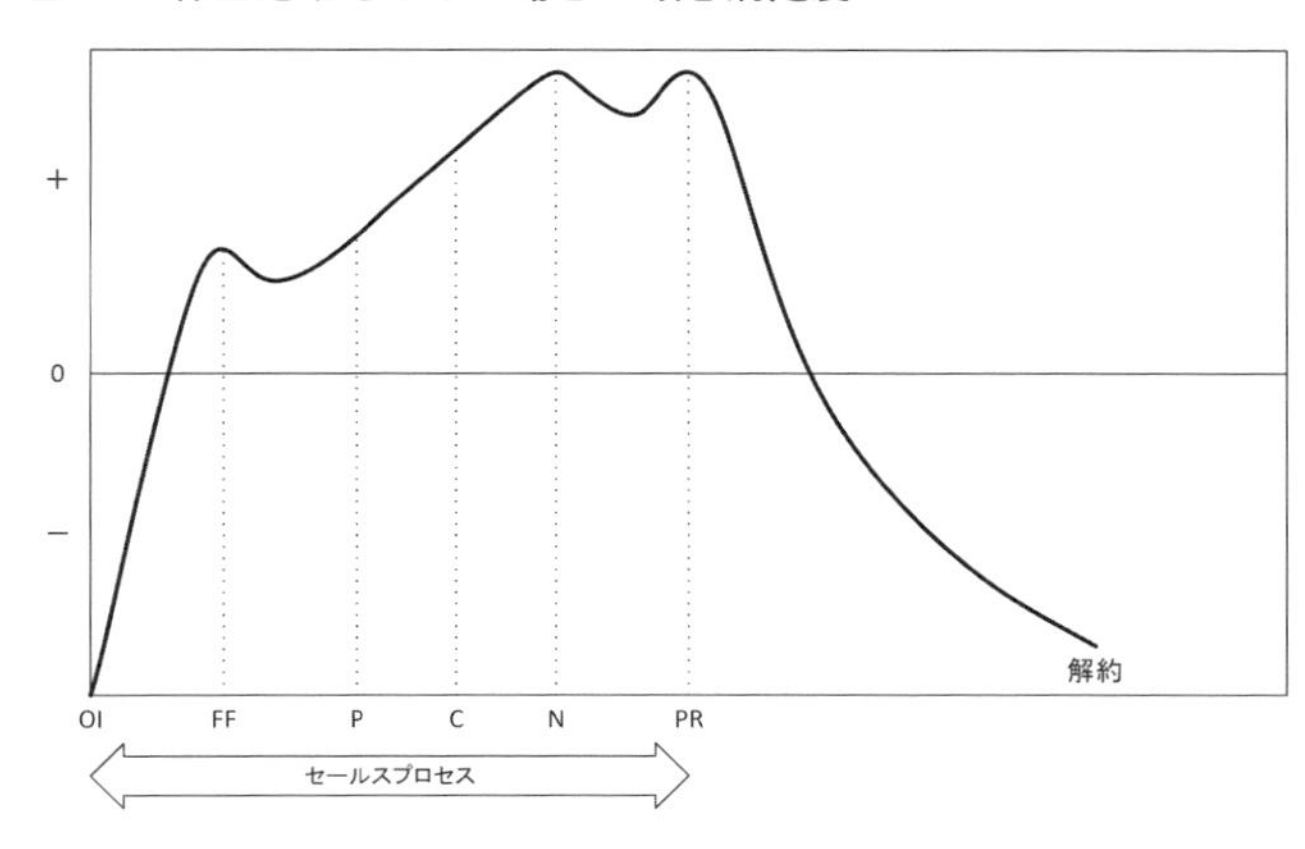

ていき、やがて不満足の状態になって解約に至ります。

けれども、図13のように、セールスプロセス後に保全プロセスに移行して、定期的にお客さまとコンタクトをとって情報提供や保障の見直し、保全手続き等を誠実に行い、お客さまの加入目的の変化を先取りして対応すると、お客さまの満足度は維持されて契約も継続します。

また、しばらくお客さまとコンタクトをとらず、お客さまの満足度が低くなってから保全プロセスを開始した場合は、図14のようにお客さまの信頼を取り戻すまでに時間がかかります。

図13　セールスプロセス後に保全プロセスを開始した場合の顧客満足度

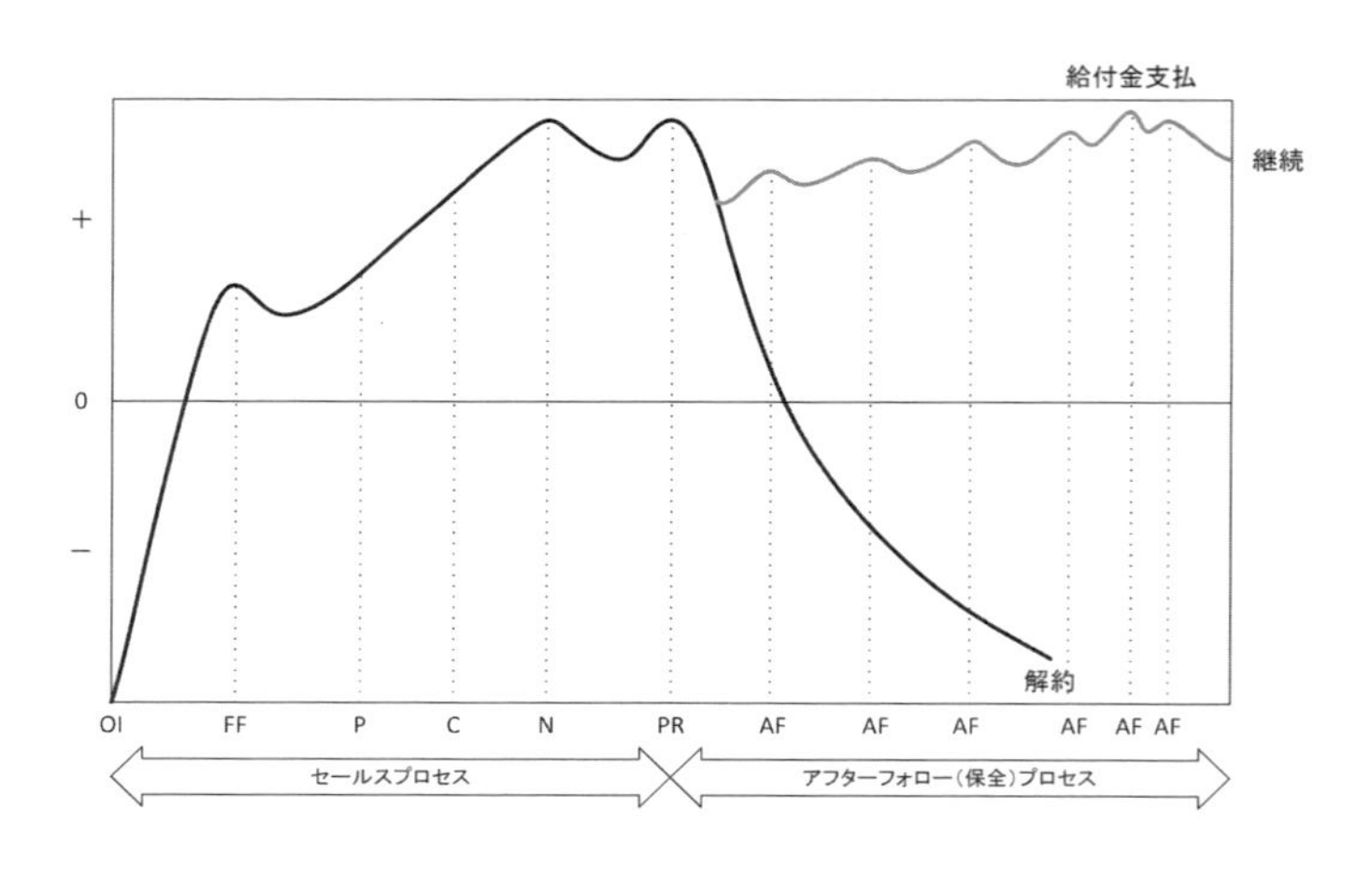

さらに、この場合は、保全プロセスを始めるときに、これまで連絡をとらなかったことのお詫びから入らなければなりません。

けれども、保全活動を始めるのが遅くなったとしても、お客さまが解約してしまうよりは、保全活動によって契約を継続していただく方が、お客さまにとっても、保険会社・代理店にとっても良いことはおわかりでしょう。

なお、通販等で加入し、対面によるセールスプロセスを経ていないお客さまであっても、ご自分の判断で加入された保険契約については満足されているものです。

ただし、加入時は複数の保険の内容を比較

図14　保全活動開始タイミングと顧客満足度

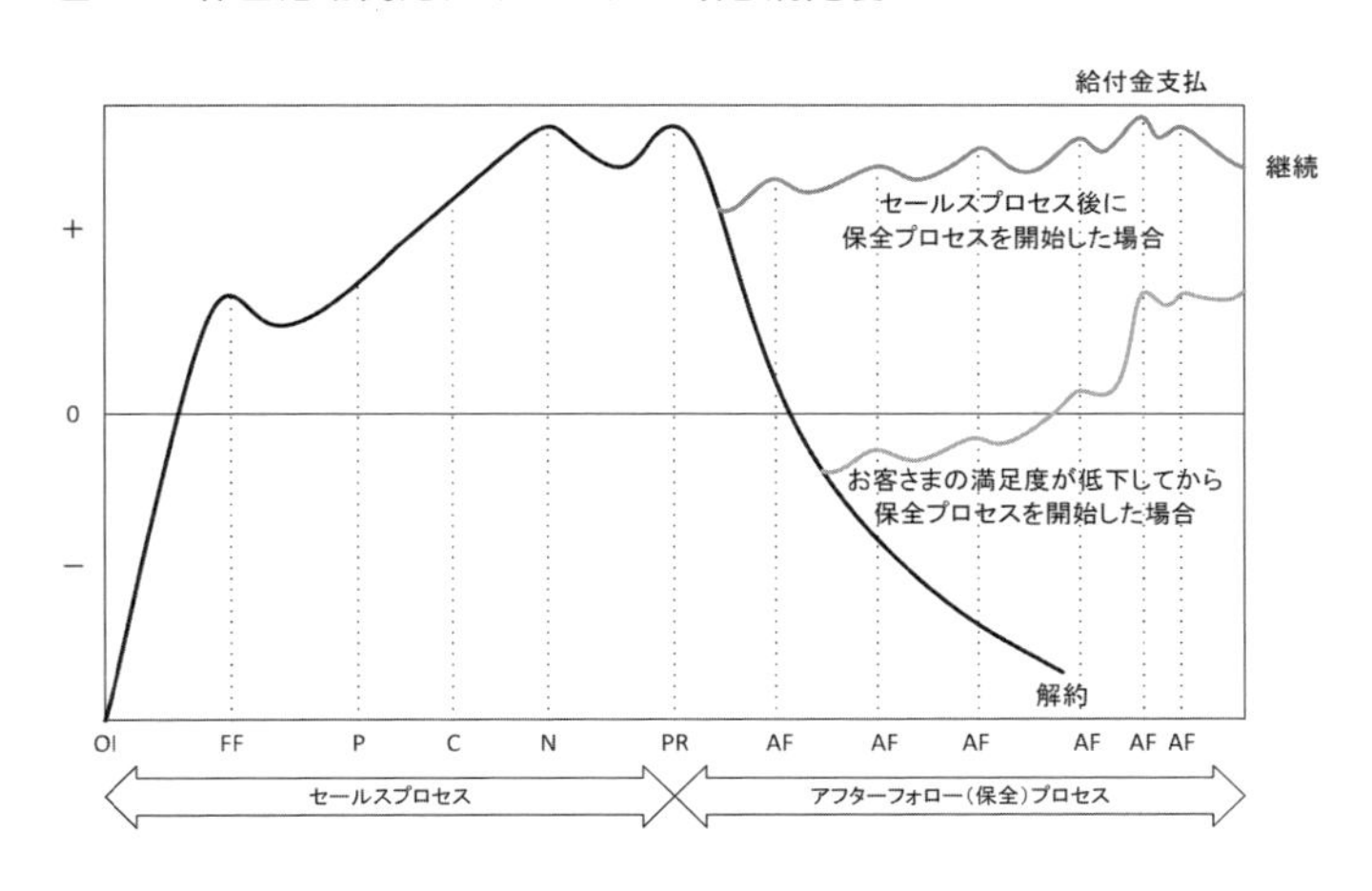

しながら最適なプランを選択したとしても、その後のご自分のライフステージの変化や外部環境の変化に対応できているかどうかは、保険のプロでないお客さまには判断が難しいといえます。

つまり、どのようなお客さまであっても、最適な保障を維持するためには、保全活動を継続することが必要だということです。

5　お客さまのライフステージや気持ちの変化に関する情報収集

定期的な訪問活動を行う際は、まず、「この訪問で何を行うのか」という目的を明確にすることが重要です。訪問目的が曖昧だと、契約継続のお礼や単なる挨拶だけで終わってしまい、お客さまにとっても「何のために来たんだろう？」という疑問が残って、お客さまの時間をムダにしたことになってしまいます。

その中で、重要な目的の一つが「お客さまに関する情報収集」です。

お客さまの保障を最適に保つためには、「お客さまのライフステージや想いが変化していないか」「現在の保障内容とマッチしているか」を確認することが不可欠です。

お客さまからの申し出がなくても、毎年、あるいは数年おきに病気の定期健診を受けるように、保険契約についても定期点検を行うのです。

家族情報を一覧にまとめて訪問準備を行う

実際に訪問する前には、契約者だけでなく、家族全体の取得済情報について一覧にまとめます。

表1では、お客さまの家族構成をすべて書き出します。

同居・別居に関係なく、配偶者や子ども、孫、夫婦の両親など、わかっている範囲の家族をすべて記載し、それぞれの方について、性別や生年月日、住所など、取得できている情報を記載します。この時点で空欄の箇所が、今回の訪問でお聞きすべき情報だということがわかります。

なお、亡くなっている方について何回も話題にすると失礼にあたりますので、亡くなっているという情報が得られた場合は、「記入漏れではなく亡くなっている」ことがわかるよう、メモを残しておくようにするとよいでしょう。

表1　お客さま情報No.1

氏名	続柄	性別	生年月日	年齢	住所	同居/別居	勤務先/学校	役職	年収	職歴	趣味/嗜好/その他	人生のゴール/夢
保全 太郎	本人	男	1968/8/16	55	○○市○○町○－○	同居						
保全 花子	配偶者	女	1974/2/25	50	○○市○○町○－○	同居						
保全 一郎	長男	男	2000/3/12	24								
保全 夢子	長男配偶者	女	2002/7/23	21								
保全	孫											
保全 二郎	次男	男	2003/9/29	20	○○市○○町○－○	同居						

情報収集すべき項目をリストアップする

このような一覧としてまとめることにより、まだ取得できていない家族の情報（右ページ例の場合、長男の住所や孫の生年月日・性別、家族全体の勤務先、趣味など）や、家族全体の準備済保障や不足しているニードなどが見えてきます。

この一覧をもとに、取得できていない情報、取得していても古くなった情報は何かを確認し、どのような質問をしながらその情報を取得していくか計画を立てます。

口頭で情報収集していくことに自信がない場合は、あらかじめ聞きしたいことをアンケート用紙としてまとめ、そのツールを活用しながら会話を進めていくことも可能です。

表２　お客さま情報№.２　保険ニード別加入状況

氏名	死亡保障	三大疾病	介護	医療	がん	資産形成	年金	火災	自動車
保全 太郎				△	○				△
保全 花子				△	○				
保全 一郎									
保全 夢子									
保全									
保全 二郎									

○：自社で加入しているニード　　△：他社で加入しているニード
表２には、他社加入分も含めて、保険ニード別の加入状況を記載します。

訪問時は、事前に計画した情報収集項目についてヒアリング

訪問時は、契約を継続いただいていることへの感謝の気持ちを伝え、アフターフォローのための訪問であるという趣旨を説明します。続いて、契約をお預かりしてから現在まで、あるいは前回の訪問から現在までの、お客さまや家族に何か変化はなかったかということや、あらかじめリストアップした項目について、ヒアリングしていきます。

情報収集は、あくまでもお客さまのために行うものなので、聞くことに集中するあまり尋問口調になったりしないよう、和やかな雰囲気で対話しながら進めることが重要なのは言うまでもありません。

6　顧客管理システムの整備は販売チャネルの役割

顧客管理システムというと、保険会社の契約データベースのことだと考えている方がいますが、お客さま情報の全体像を把握して保全活動に活かすためには、それだけでは不十分です。保険会社の契約データベースは、あくまでも契約を管理していくためのものであり、契約が成立する前の見込客情報は存在しませんし、契約とは直接関係ないお客さまの趣味や将来の夢などについては、商談途中にお聞きしたとしても、入力されることはありません。また、契約者、被保険者、受取人以外の家族情報も不明なままです。

セールスプロセスの途中で入手したそれらのお客さま情報や、お客さまに電話をしたとか、訪問したとかの折衝履歴は、従来、営業担当者が自分の手帳などにメモしておくことが一般的でした。

けれどもこうした属人的な情報は、その人が退職してしまえば一切残りませんし、退職しないまでも、休暇等でいないときにお客さまと連絡をとる必要が出てきても、事情がわからないまま他の人が対応することになってしまいます。お客さまが営業担当者には伝えていたとしても、社内できちんと共有できていなければ、お客さまに迷惑をかけることになってしまいます。

また、コンプライアンス上でも、お客さまとどのような話をしたかについて記録を残しておくことの必要性が増しています。

顧客管理システムでお客さまに関するすべての情報を一元管理

契約者になる前の見込客段階のお客さま情報、配偶者や子ども、親、親族などの家族情報、加入済の他社契約や利用している金融商品などの保障・金融ニードに関する情報、そして電話、郵送、メール、来店・訪問等のコンタクト情報について、一元管理できる仕組みを構築することは、保険会社ではなく、直接お客さまと接点を持つ販売チャネルが行わなければなりません。

必要な情報が一元管理されている顧客管理システムが構築されていれば、営業担当者、コールセンター、営業事務、営業管理職が情報を共有することができ、一人のお客さまに対する対応を複数の担当者が行ったとしても、お客さまにとってシームレスな対応であると感じていただくことができます。

すべてのお客さまに対して同質の保全サービスを提供できる

一人ひとりのお客さまの担当者を明確にし、バースデーコールや定期訪問といった保全活動の実践状況をしっかりと確認していくことで、そうした対応ができていないお客さまに関して、営業管理職が営業担当者を指導したり、担当替えをしたりする対応を適切に行うことができます。これにより、すべてのお客さまに対して同質の保全サービスを提供することができ、お客さまの満足度向上につなげることができます。

顧客データベースの構築にあたっては、できるだけ入力負荷が少ないプラットフォームを選ぶことが重要

顧客データベースの構築といっても、既にある顧客情報を移行したり、活動の都度、結果を入力したりする必要があり、営業担当者に相当な負荷がかかります。

保険代理店の経営者がせっかくシステムを導入しても、営業担当者に入力を徹底させられないため、結局利用されないまま、という話もよく聞きます。

保険会社や保険代理店向けの顧客管理システムにはいろいろありますが、どのシステムを採用するかにあたっては、実際に入力作業を行う営業担当者の負担が少なく、マニュア

ル等を読み込まなくても、営業担当者が次に何をすればよいかが感覚的にわかるシステムを選ぶとよいと思います。

ここで、保全ビジネス®の概念を搭載し、SD Financial Technology 株式会社と共同開発した顧客管理システムVOS2・0の保全ポータルのイメージ画面をご紹介します。

VOS2・0は、生命保険、損害保険など、保険契約ごとに分かれていたお客さま情報を、名寄せの手間をかけることなく、まとめて一元管理することができ、電話や訪問、事故対応等の対応履歴もしっかりと管理することができる、保険販売業務に特化した顧客管理プラットフォームです。

保全ビジネス®に対応したポータル画面には、バースデーコール対象者があらかじめスケジュールに組み込まれており、一人ひとりのお客さま情報を選択すると家族情報の一覧を確認することも可能です。保全ビジネス®を実践するうえで、営業担当者が、次に何をすればよいか迷うことなくわかる設計になっています。

もちろん、アクセス権限の設定や通話録音など、データの機密性やコンプライアンス対応についても万全の機能を備えています。

図15　VOS 2．0　保全ポータルのイメージ画面

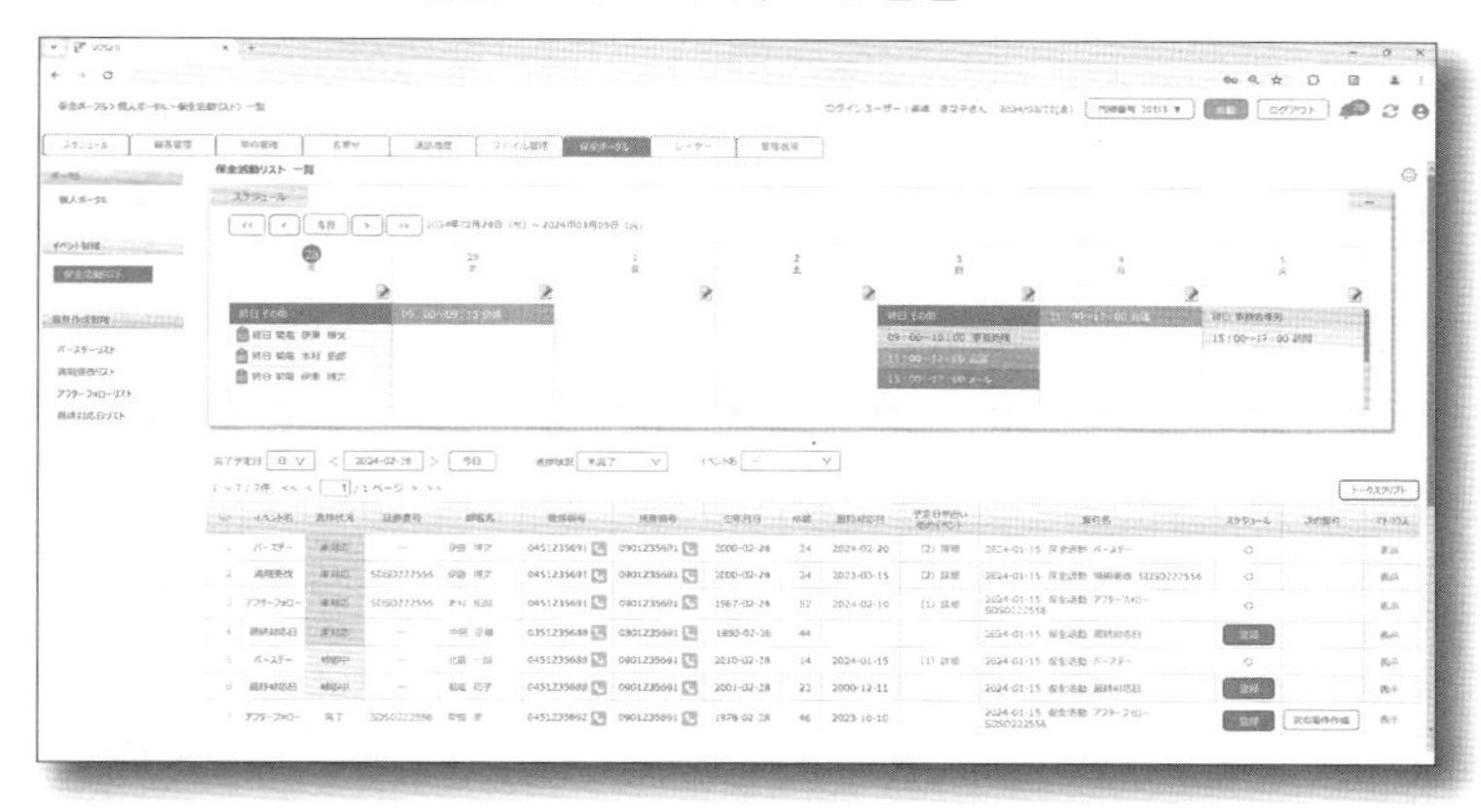

図16　VOS 2．0　家族情報イメージ画面

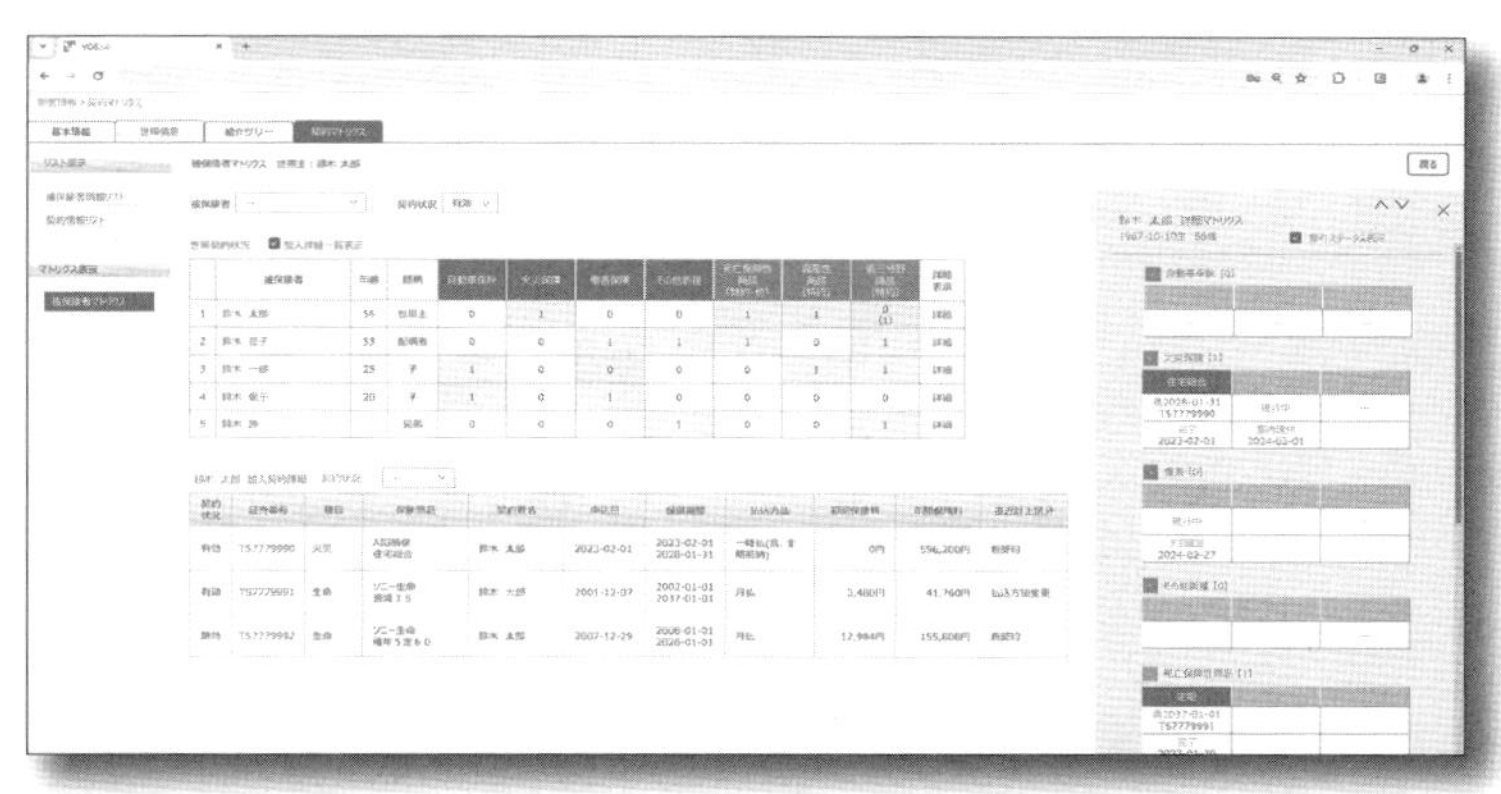

7　保全ビジネス®の情報提供は新商品のご案内ではない

多くの保険会社で実施されている保全活動では、訪問時の情報提供イコール新商品のご案内と位置づけている場合が多く見られます。

確かに、せっかくお客さまとお会いするのだから、お客さまに保障の見直しをしていただいて、新しい商品の販売につなげたいと考える気持ちも分かりますが、それは保険会社、営業社員、保険代理店の発想です。

お客さまが求めているのは、どのように保険に入ればよいのかという考え方だったり、今、話題になっている金融・経済の話だったり、社会保障・社会保険の動向だったり、ということです。企業の経営者であれば、税金に関することや、最近ではインボイス制度や電子帳簿保存法なども知りたいことの一つでしょう。保険や金融業界に属している人以外の一般の方は知らない情報、わかりにくい情報、知っていると得する情報などについて、保険・金融のプロの視点から、わかりやすく教えてほしいのです。

お客さまのライフステージや現在の保障内容から見て、保障の見直しや新しい保障への切り替えが必要だと判断した場合には、自然と商品の提案に話が進みますが、そうでない場合は、商品のご案内は最後まで出さないというのが、保全ビジネス®における基本です。

これは、保全ビジネス®に限った話ではなく、ソリューション営業、ニードセールスの極意ともいえるものです。

8　1年後、2年後の訪問の約束

保全ビジネス®において訪問した際、最後に、お客さまに対して1年後、2年後の訪問の約束を行います。

お客さまも、そんな先の予定はわからない、というのが普通の反応ですが、保険の定期点検はそれほど重要なことであるということを認識していただくためにも、次回の訪問を予定しておいていただくのです（104ページ、図11参照）。

もちろん、1年後、2年後には、またバースデーコールを行いますので、改めてお客さまの予定を聞いてアポイントを取り直すことになりますが、「来年もお客さまがバースデーを迎える頃にお電話を差し上げます」と事前に予告しておくことで、訪問に対するお客さまの心理的ハードルを下げるという効果があります。

第6章　営業担当者が担う保全ビジネス®の実践

私は、保全ビジネス®を別の言葉で表現すると、営業担当者が「第3の家族になる」ということだと考えています。

「第1の家族」とは、文字通り本当の家族のことで、「第2の家族」は、その人のことを大事に考えている親戚や友達、そして「第3の家族」とは、それに次ぐ存在で、その人や家族のことを、親戚や友達と同じぐらい理解し、情報を把握している存在のことです。

この「第3の家族」になることが、保全ビジネス®のゴールであると考えるのです。

けれども、仕事でたまたま担当になり、「さあ、あなたは今日からこのお客さまの第3の家族になってください」と言われたからといって、すぐにそのような存在になれるわけではありません。そのお客さまのことを思いながら、1年目、2年目の誕生日にバースデーコールをかけ続け、3年目になって、やっとお客さまから人として反応してもらえる。こういう状況では、いくら仕事だとはいえ、営業担当者も保全ビジネス®を続けるのはつらいかもしれません。けれども、これを忍耐強くやり続ける人が、その先に到達して「第3の家族」という存在になれるのです。

お客さまの中には、「人と会いたくない」「用があったらこちらから連絡するので、一切、電話してこないでくれ」と言われる方もいます。また、「営業担当者と話すのはいいんだけど、あの人は生理的にいや」と言われる方もいます。このような方については、組織として情報を共有したうえで、担当者を変更したり、コールセンターに対応を移管したりすることが必要になります。「面倒くさいお客さまは放っておいて何もしない」のではなく、「面倒くさいお客さまには別の方法でコンタクトをとる」という対応をしなければなりません。それが、すべてのお客さまに対して保全活動を行うということなのです。

また、「家族」には、情報を知っているということの他に、「そのお客さまのことを、自分の家族のように考える」という意味があります。よく、保険会社の営業スタイルを批判して「自分の家族には勧めないような保険を勧めてくる」と言われることがあります。自分の成績や報酬のために、お客さまにとってメリットがない、あるいは損になる商品を売りつけてくる、という意味です。「第3の家族になる」ということは、自分の利害のためではなく、本当に相手のためを思って、一番よいと思われるプランを案内するということであり、その姿勢が「家族」という言葉の中に込められているのです。

このような意味を込めて、保全ビジネス®を実践する営業担当者には、担当するお客さまの「第3の家族」として保全活動を実践してほしいと思います。そして、その姿勢を貫ける人が、保全ビジネス®で成功できる人だといえるのです。

１　見込客発見の難しさ

プルデンシャル生命やソニー生命が、それまでの日本の生命保険会社が行っていた営業スタイルと全く異なる「紹介営業」で成功してから、「紹介営業」こそがニードセールス、ソリューション営業の王道であると考えられるようになりました。

現在では、どの保険会社の営業マニュアルにも、最後に「紹介を依頼する」というプロセスが入っています。「紹介営業」とは何かというと、一つの商品を販売する際に、とことんお客さまの情報をヒアリングして最適な保障プランを提案し、契約手続きを行う。そうした過程に感動したお客さまが、別の方にもこの感動を体験してもらいたいと思って、新たなお客さまを紹介する、というのが「紹介営業」です。

けれども、こうした「紹介営業」で成功する人は、毎回、相手を感動させるほどのカリスマ性があったり、人を引きつける魅力があったりする、ごく一部の人に限られます。また、見込客を発見するために、異業種交流会に参加したり、ロータリークラブや青年会議所活動に参加したりと、かなりの時間やお金をかけている方もいます。

しかしながら、多くの方は、恒常的に紹介を獲得し続けることは難しいというのが現実です。特に、保険販売においてニードセールスやソリューション営業が一般的になってきた現在は、競争が激化して、ますます紹介を得るのが難しくなっています。

一方、保全ビジネス®における見込客とは、既存のお客さまご自身や家族、親族ということになります。保全活動を通して、真に必要な保障であると納得いただき、お客さまからの信頼も蓄積したうえでの紹介依頼ですので、お客さまに納得感があり、全くの他人や友人を紹介してもらうよりは、心理的ハードルも低くなります。新契約ビジネスにおける紹介が「感動の紹介」とするならば、保全ビジネス®における紹介は「信頼の紹介」と言えるでしょう。

新規ビジネスにおいて紹介をいただける確率が10％とすると、保全ビジネス®における確率はその倍以上という感覚でしょうか。

一部の限られた人でなくても、地道に保全活動を行うことで、高確率で見込客を獲得することができるのが保全ビジネス®なのです。

2　保全ビジネス®はマーケットシェアではなくカスタマーシェアを上げていくビジネス

新規のお客さまを追い続けるという新契約ビジネスは、一人でも多くのお客さまを獲得していくことを目的としており、マーケットシェアの拡大を狙ったビジネスです。

それに対して、保全ビジネス®は、一人のお客さまの人生に寄り添い、そのお客さまのさまざまなニードに対して解決策を提示し続けるというビジネスです。

既存のお客さまの満足度を高めるという意味においても、保険加入率が高く市場が成熟状態にあるという意味においても、これからは「マーケット（市場）シェア」の拡大ではなく、お客さまの生涯に対して、いかに自社がお役に立つ割合を高めていくかという「カスタマー（顧客）シェア」の向上を図るビジネスへのシフトチェンジが必要だと考えます。

図 17　マーケットシェアの拡大からカスタマーシェアの向上へ

新規のお客さま

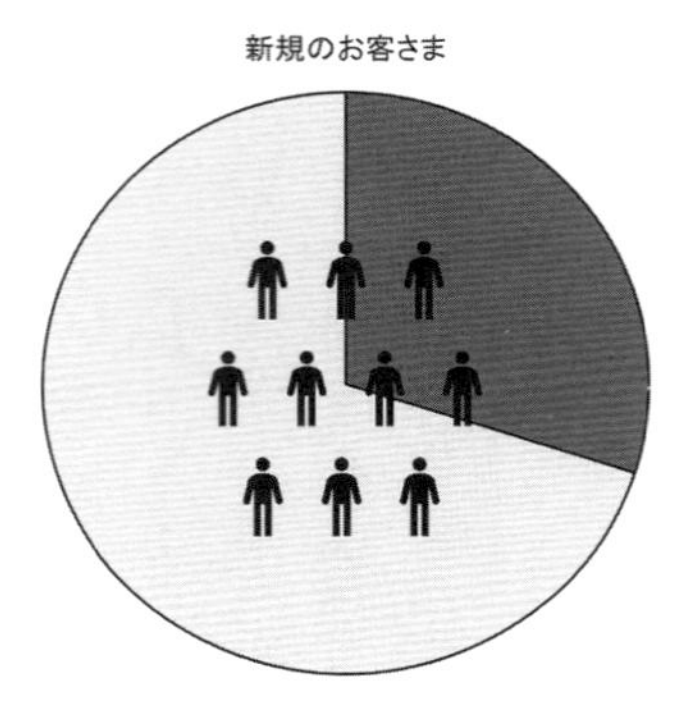

マーケット（市場）シェアの拡大

既存のお客さま

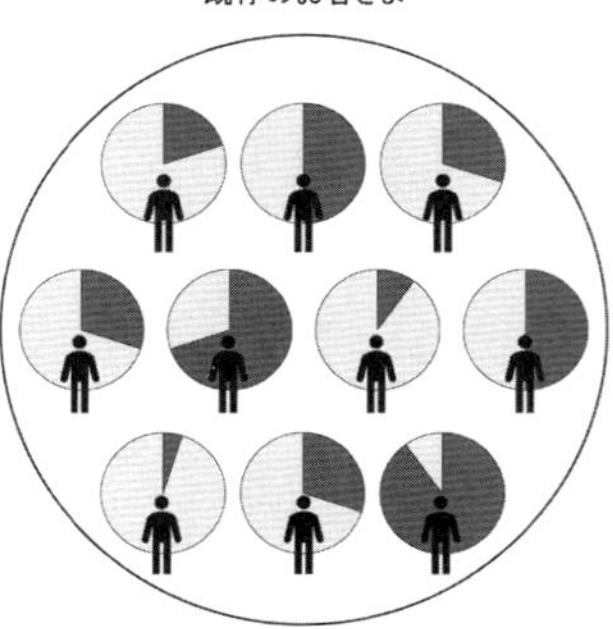

カスタマー（顧客）シェアの向上

出典：『ストックセールス』
エリック・ピーターソン、ティム・リーステラー著　神田昌典監修

3　保全ビジネス®のマーケットターゲットは家族内白地と一族内白地

保全ビジネス®を実践することにより、既存のお客さまとの関係性を深めて信頼を得ていくことができれば、そのお客さまに対する保険のシェアを高めるだけでなく、大切な家族の保険契約も任せていただけるようになります。

そして、そのつながりは、一世帯内にとどまらず、親族・姻族といった一族へと広がっていきます。

新たにお客さまとなったご家族に対しても、保全ビジネス®を繰り返してカスタマーシェアを高めていけば、ターゲットが尽きることはありません。

友人・知人といった第三者を紹介していただくというマーケットの拡大は、家族内マーケット・一族内マーケットへ展開した先にあると考えられます。実際のところ、お客さまとの関係性が築き上げられている営業担当者にとって、既存のお客さまから第三者を紹介いただくよりも、家族や親戚を紹介いただく方が、難易度も低いのです。

図 18　家族内マーケット・一族内マーケット

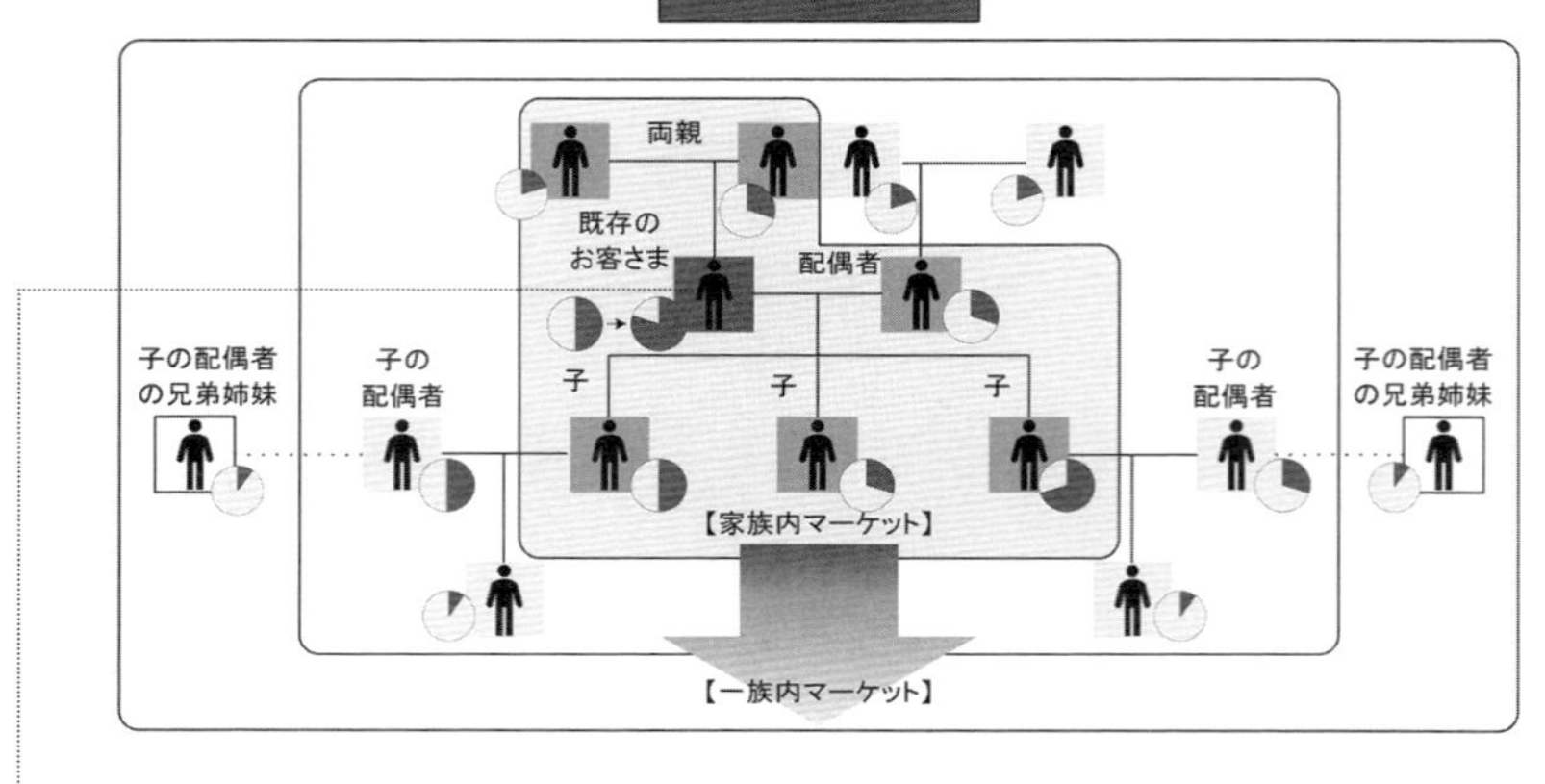

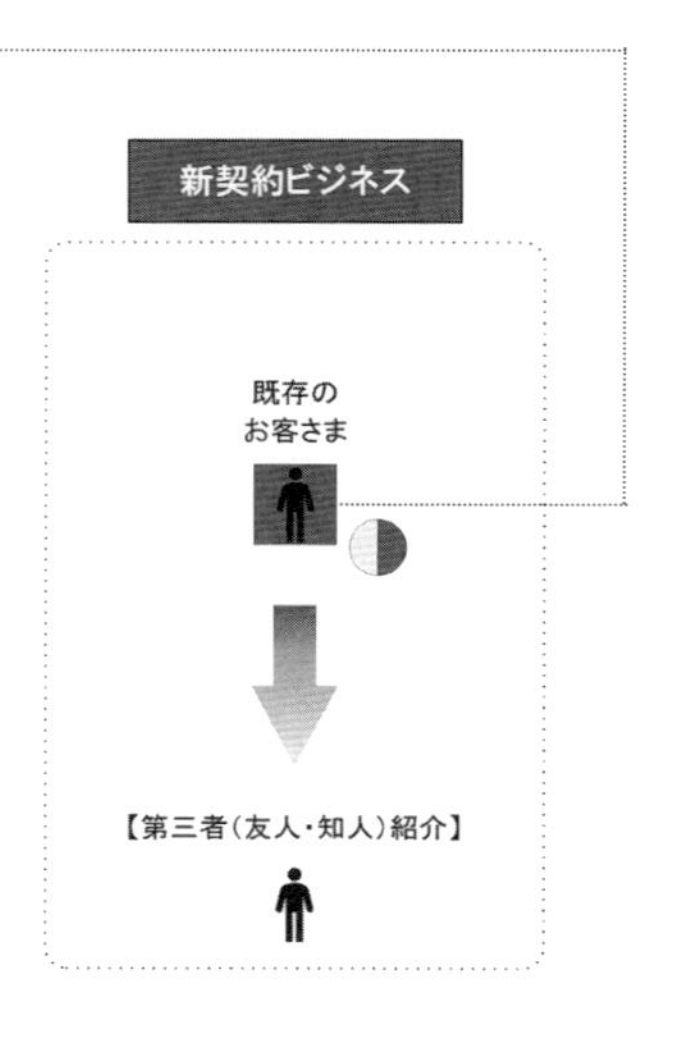

4　担当者のいなくなった既契約者を顧客化するためには

１９９０年代の終わりから２０００年代の初めにかけて、中堅生保が相次いで破綻し、その保有契約は、責任準備金のカットや予定利率の変更が行われたうえで、別の会社に包括移転されました。プルデンシャル生命では、この破綻した生命保険会社の保有契約のうち、旧あおば生命（日産生命）の契約を保全していくことになりました。

第2章で見たように、担当者がいなくなった、いわゆる「孤児契約」は、ほとんど保全されません。プルデンシャル生命では、当初、数万件にものぼった破綻生保の保有契約を、現役のライフプランナーに割り当てました。けれども、破綻して契約内容が改悪されたお客さまからは、怒りをぶつけられることが大半で、新たな契約に結びつけることはとても難しかったのです。

それでも、破綻生保の契約を引き受けた保険会社は、この保有契約をきちんと保全していかなければなりません。そこで、プルデンシャル生命の乗合代理店子会社であるプルデンシャル・ジブラルタエージェンシー（以下、ＰＧＡ）が、この契約の保全委託を受け、保全活動を一手に請け負ったというのが保全ビジネス®の始まりです。

ＰＧＡには、プルデンシャル生命のライフプランナーのうち、新規のお客さまの紹介をもらうことが厳しいライフプランナーが転籍してきました。紹介の入手には課題があると言っても、プルデンシャル生命のライフプランナーとしての経験を積み、保険販売スキルは高い人たちです。この人たちに、バースデーコールと定期訪問を繰り返すという保全ビジネス®を実践してもらったのです。破綻生保で残っている保険契約のお客さまは高齢者が大半で、健康状態が良くない方も多くいらっしゃいました。

また、コンタクトをとっても、最初は会社が破綻したことのお詫びから入ります。破綻した保険会社ではなく、その契約を引き継いだ保険会社・代理店・担当者なのですが、お客さまにとっては関係ありません。

保険会社が破綻して損害を被ったお客さまの怒り、悔しさ、誰かに文句を言いたい気持ちをすべて受け止めて、ゼロではなく、マイナスの段階から、お客さまとコミュニケーションをとり始めたのです。

保全ビジネス®を始めた当初は、なかなか実績をあげることができませんでしたが、この保全活動を地道に繰り返していくうちに、徐々にお客さまとの信頼関係ができてきて、新しい契約やご家族の契約に結びつくようになってきました。

今では、保全ビジネス®を実践しているライフプランナー・アドバイザーの中から、ＭＤＲＴ会員が何人も輩出されています。

また、当時のプルデンシャル生命出身のライフプランナーはほとんどが男性なのですが、保全ビジネス®を実践するのに性別は関係ありません。地道な活動をコツコツやるのは女性が得意と言われますが、男性でも成功できることはＰＧＡの例で明らかですし、もちろん女性でも実践できます。

ただし、長くお客さまを担当することが前提ですので、会社を辞めないことが条件と言えるでしょう。

5　今流行りのリーズ提供会社からの見込客には注意が必要

平成26年に保険業法が改正され、「募集関連行為従事者」が新たに定義されました。「募集関連行為従事者」とは、見込客の発掘から契約申込までの保険募集プロセスのうち、募集行為には該当しない業務を行うもので、保険比較サイトやFPマッチングサイトなどで、資料請求者情報や相談希望者情報といった見込客情報（リーズ）を、保険会社や保険代理店に提供する業務などが該当します。

本来は、保険販売資格のない人が募集行為に携わることがないようにするため、そして募集行為を行っていない人に高額の手数料が支払われることがないように定められたものです。しかしながら、だんだんこの仕組みを悪用するケースが出てきました。

お客さまの中に、複数のサイトに登録して、無料相談を希望するという意思表示はするものの、実際に面談して説明を聞くだけで、一切、保障の見直しや保険加入をしないという「プロ相談者」が出現してきたのです。サービスによって報酬体系は異なりますが、サイトへの登録や資料請求、無料相談希望などによってポイントが得られたり、面談後にアンケートに答えることで景品がもらえたりするケースがあるようです。

一方、見込客情報の提供を受ける営業社員や代理店は、1件あたり2万円～4万円（情報の種類や見込客の属性によって、もっと高額になることもあります）を支払いますが、それだけのコストをかけても、「プロ相談者」に当たってしまうと、全くのお金のムダ、時間のムダということになってしまいます。

こうしたリーズ提供会社のスキームや募集関連行為者の出現は、保険販売ビジネスをより複雑にさせるもので、保険ビジネスが金儲けの手段に使われている象徴のように感じます。保険販売が手っ取り早く儲けられる手段として利用されているのであれば、それは保険ビジネスへの冒涜であり、とても悲しいことです。

そもそも、生命保険における見込客というのは、営業担当者が自分の努力で人間関係を作りながら育てていくものであり、全く関係ない人から与えられたリーズは、見込客ではなく見込客の候補者にすぎず、そこから人間関係を作っていく必要がある人なのだと考えます。

6　若年層の生命保険加入検討プロセスＡＩＳＣＥＡＳ

消費者が商品を購買するときの行動モデルは、時代とともに変化してきました。インターネットが普及する前、マスメディアが主流だった時代は、１９２０年代に提唱されたＡＩＤＭＡの法則がマーケティングの基本とされていました。

まず、消費者はＴＶＣＭや新聞・雑誌等の広告で商品を認識し（Attention）、商品のメリットやセールスポイントを知って興味・関心を持ちます（Interest）。その商品を欲しいと思い（Desire）、販売者からの継続的なアプローチで、その記憶を定着させます（Memory）。そしていよいよ店頭や訪問販売でその商品を購入します（Action）。商品の販売者は、このＡＩＤＭＡの法則に従って、広告やプロモーション戦略を立てたのです。

次に、インターネットが普及してきたことにより、ＡＩＳＡＳモデルが１９９０年代に電通によって提唱されました。

パソコンなどの端末に商品を記憶させることができるようになったため、Memory（記

図19　消費者の購買行動モデルの変遷

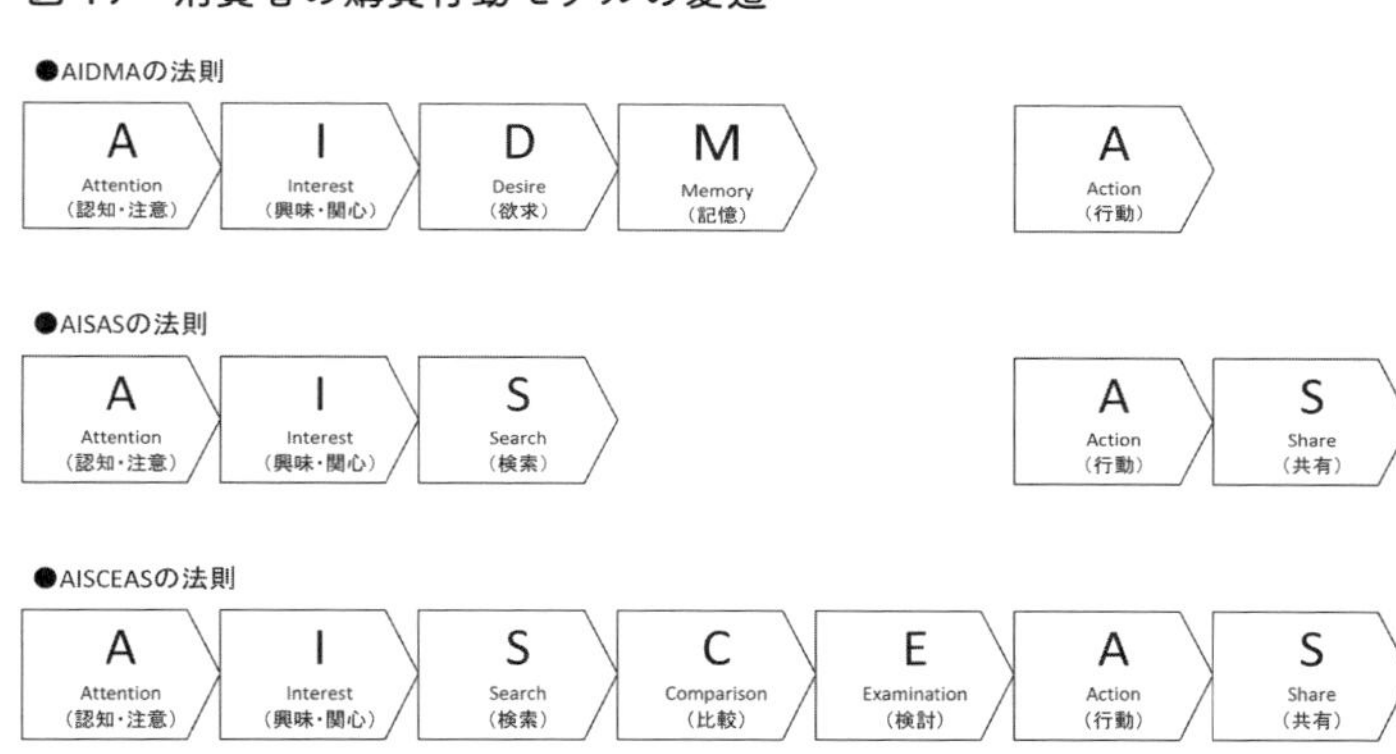

憶）がなくなり、Desire（欲求）の代わりにSearch（検索）、そして最後にShare（共有）が追加されました。消費者は、商品について興味を持ったら、自ら検索して詳しい情報を調べ、購入へとつなげたのです。そして、実際に利用した体験などをＳＮＳや口コミサイトで他の人と共有します。

さらに、機能価値が高い商品について、より慎重な購入プロセスを表すＡＩＳＣＥＡＳモデルが、２００５年にアンヴィコミュニケーションズの望野和義氏によって提唱されました。もっと詳細に調べてから購入につなげるという意味で、ＡＩＳＡＳモデルにComparison（比較）とExamination（検討）が追加されています。

これらのマーケティング理論は、生命保険の販売行動にも如実に当てはまっています。

インターネットが主流になる前は、プルデンシャル生命やソニー生命のような新契約を中心とした紹介営業は、それまでの日本の保険販売方法とは異なる売り方でお客さまに感動を与え、記憶に残したことで、保険に加入していただきました。そして、その感動の記憶から次のお客さまを紹介していただく、という紹介の連鎖が機能していたのです。

ところが、インターネットが普及して、お客さまが自ら情報を調べるようになると、面談時に営業社員が言っていたことの印象はやや薄れてしまいます。あるいは、紹介された営業社員について、口コミなどの評判をあらかじめ調べるようになります。

この対策として、営業社員を検索して評判を調べることができるサイトを保険会社が用意することで、なんとか対応することが可能でした。

さらに、比較して検討するという段階になると、お客さまが保険ショップで複数の保険会社、複数の営業担当者を比較するようになり、商品もできるだけ高機能商品を安い価格で購入したい、という価格勝負になっていきます。ところが、この手法が通用するマーケットはやがて頭打ちとなり、結局、「生命保険はしっかりと対応してくれる人に面倒を見てもらいたい」というところに戻りつつあるというのが実情なのです。

この「しっかりと対応してくれる人」とはどういう人かというと、一回の面談で感動させるという一時的なインパクトを持つ人ではなく、ずっと継続して丁寧に保全をしてくれる人、というところになっていくのではないかと考えるのです。

7　見込客を顧客に育てるナーチャリングの必要性

保全ビジネス®においては、一人のお客さま情報をもとに、家族内シェア、一族内シェアを高めていくことが重要だという話をしました。つまり、保全活動を通じて蓄積してきた家族情報をもとに、現時点では単なる情報にすぎない見込客を、顧客に育てていくことが重要なのです。

「見込客に顧客になってもらう」「既存のお客さまにリピートしてもらう」「リピートしてもらったお客さまにキーマン、すなわちロイヤルカスタマーになってもらう」というように、顧客を段階的に育てていくことを、マーケティングの世界ではナーチャリングというそうです。

前述の購買行動モデルにおいて、商品に興味を持ってもらい、さまざまな情報提供や営業活動を行いながら購入という行動へと導いていくのもナーチャリングですし、既存のお客さまをつなぎとめて顧客シェアを高めていくのもナーチャリングです。

生命保険事業には、実際に保険料を負担して保険に加入する契約者のほかに、さまざまな登場人物がいます。保険の対象となる被保険者、保険金・給付金の受取人、被保険者や保険金受取人が意思表示できない場合に代わって給付金や保険金の請求を行う指定代理請求人、契約者に変わって契約内容を確認できる登録家族などがおり、それらの制度についてお客さまに説明していくことで、自然と家族に関する情報を取得していくことができるのです。

これらの登場人物はすべて見込客であるといえますので、それらの情報をしっかりと顧客情報として管理し、保全活動を通して顧客へとナーチャリングしていくことが重要です。

第7章　営業管理職が担う保全ビジネス®の実践

保全ビジネス®とは、一人ひとりのお客さまに対して専任の担当者が定期的なコンタクトと訪問を繰り返すという活動を組織として実践することですが、この保全ビジネス®は、一定の質を持った活動が一定量以上ないと成立しないビジネスモデルであるといえます。

これをビジネスとして成り立たせ、持続可能な取組みにしていくためには、営業担当者一人ひとりが努力するだけでなく、実は、営業管理職が果たす役割も非常に大きいのです。

この章では、保全ビジネス®において、営業管理職がどのようなことを実践していかなければならないのかということについて見ていきます。

1　保全ビジネス®において営業管理職が行う活動管理とは

一般的に、フルコミッション型の生命保険販売における営業管理職は、第5章で見たような、オープニングインタビュー、ファクトファインディング、プレゼンテーション、クロージング、申込手続き、証券確認というセールスプロセスについて、各営業担当者がどれだけ実践しているのかということについて詳細に管理しています。

これらを週単位、月単位できめ細かくチェックしていくことで、営業担当者の状況を管理し、適宜、指導やトレーニングにつなげていくのです。

これは、結果ではなくプロセスを管理することで、組織としてどれだけ実績をあげることにつながったか、そして営業担当者一人ひとりがどれだけ報酬を得ることにつながったかという視点で運営していくという考え方に基づいています。

しかしながら、保全ビジネス®においては、プロセスを管理するという点は同じですが、管理する内容が違ってきます。

保全ビジネス®における活動管理とは、お客さまと定期的にコンタクトできているかをチェックすること

保全ビジネス®においては、バースデーコールによるお客さまとの定期的なコンタクトと、2～3年に一回の定期訪問が基本の活動となりますが、これをしっかりとやり続けるには、自分自身を律する強い精神力が必要となります。

日本人の多くは、学生時代からカリキュラムに沿って学習したり行動したりと、人に管理されながら育ってきており、そうした環境に慣れている人は、自分以外の人から管理されないと、なかなか成果に結びつけることができません。

それを補い、保全活動を根気強く実践できるように営業担当者を鼓舞し続けるのが、保全ビジネス®における営業管理職の役割なのです。

活動結果を共有しているかについても常に確認

営業管理職は、営業担当者の活動を、日々の観察や本人からの報告、顧客管理システムへの入力内容によって確認します。

特に、その日がバースデーコールのお客さまにきちんとバースデーコールをしているか、

その結果を忘れずに顧客管理システムへ入力しているかについて毎日チェックすることが重要です。

訪問先しか入力していない、折衝状況の詳細がわからない、数日分をまとめて入力している、といった状況が見られる場合には、記憶が鮮明なうちに具体的に入力するように指導します。

家族情報を入手して見込客づくりをしているか

保全ビジネス®においてマーケットを広げていくためには、本人に関する情報だけでなく、家族や一族の情報も入手して、そこへ適切にアプローチしていくことが必要です。

そのために、保全活動を通して、お客さまの家族情報をどれだけ把握できているか、それぞれとの関係性や想いを聴き出せているか、ということも営業管理職が管理するポイントになってきます。

2　凡事徹底することの難しさ

現在、管理職は部下に対して厳しい態度で接するのが難しくなってきていると言われます。パワハラと思われるのを恐れて、叱ったり、注意をしたりすることを躊躇してしまう、というのです。もちろん、高圧的に言わない、大勢の人の前では叱らないなど、伝え方に配慮は必要ですが、お客さまへ適切な保全サービスを提供するため、そして営業担当者が保全ビジネス®で成功するためには、必要な指導は行わなければなりません。

その重要な指導の一つが勤怠管理です。

保全ビジネス®は毎日出社することが原則

保全ビジネス®の基本であるバースデーコールは、できるだけ直接お客さま本人とコンタクトできるよう、午前中にかけることが原則です。早めに電話すれば、つながらない場合には後で再度電話をかけることもできますし、留守電に入れる場合も、お客さまに好印象を残すことができます。

保全ビジネス®を実施する営業担当者には、毎日出社を徹底させることをお勧めします。保険会社や代理店では、営業担当者に直行直帰を許しているところも多いようです。特にコロナ禍で出社制限が続いたことや、グループウェア等のＩＴ化が進んで情報共有できるようになったことから、わざわざ出社する必要はない、という風潮が広がっています。

けれども、バースデーコールを徹底する以外にも、例えば11時にお客さまとアポイントがとれている場合、直行を許すとそれまでの時間がフリーになり、行動がルーズになってしまいます。毎日、決まった時間にきちんと出社するように徹底することで、一日のリズムができ、良い仕事のスタートを切ることができるのです。

行動の記録はその日のうちに顧客管理システムに入力

帰社についても、お客さまとの面談で遅くなるときを除いて、直帰ではなく、会社に戻るようにすることが望ましいと考えます。そして、その日の行動結果を、その日のうちに顧客管理システムに入力するのです。次の日になると記憶は薄れていき、お客さまの表情や細かいニュアンスなどについては省略されてしまいます。新鮮な情報を毎日蓄積していくことで、より価値のある顧客データベースを構築することができるのです。

3 営業担当者のトレーニング

保全ビジネス®を実践する営業担当者のトレーニングも営業管理職の重要な役割の一つです。誰が担当者になっても、お客さまに対して同じレベルの保全プロセスが実行できるよう、営業担当者の質を一定水準以上にしていかなければなりません。

TELアポのトレーニングで断りに慣れさせる

保全ビジネス®は、既存のお客さまに対して定期的なコンタクトと訪問を繰り返すことであり、全くの新規のお客さまにアプローチするよりはアポイントがとりやすいといえますが、それでも断られる方が多いのが実情です。

思うように成果に結びつかない営業担当者の多くは、お客さまからの断りに心が折れてしまったり、お客さまを前にしてきちんと話せなかったり、という場合が多いといえます。これを克服するために行うのがＴＥＬアポのロールプレイです。

ＴＥＬアポの成功率は大体2割と言われています。逆にいえば、ＴＥＬアポしてもその8

割は断られるということなので、断りに慣れることがTELアポのロールプレイの主要な目的であるといえます。

TELアポは淡々とアポイントをとることに徹する

TELアポは、アポイントをとることが目的であり、電話で営業するわけではないので、焦らず、自信をもって、淡々と話を進めることがポイントです。逆に、会うのが当たり前なのですから、アポイントがとれても喜ぶ必要はありません。

人間は、とりあえず断って重要な決断を先に延ばそうとする傾向がありますので、お客さまの反対の言葉にひるまず、いったん受け止めたうえでアポイントをとることに徹します。

お客さまからどんな言葉が返ってきても、余裕をもって話せるようになるには、ロールプレイを繰り返し、反復練習するしかありません。

ロールプレイをビデオ撮影して、自分のくせをセルフチェック

ロールプレイは、2人の営業担当者にお客さま役と営業担当者役を割り当て、セールス

プロセスの一場面を切り取って実践してもらいます。その様子をビデオに撮影し、後で、そのビデオを見ながら、良い点、悪い点を指摘し合うのも有効です。自分の様子を客観的に見ることができるため、セルフチェックすることにも役立ちます。

特に、お客さまの断りに対しては、何度もロールプレイを繰り返して身体で覚えるようにするとよいでしょう。

断りのパターンは、主に次の3種類ですので、これらの断りに慣れて乗り越えられるようになれば、アポイントを取得する確率が格段に上がっていきます。

●今、忙しいので・・・
●もう、これ以上保険料を払う余裕がありませんので・・・
●資料を送っていただければ、見ておきますので・・・

4　3年間の保全活動の先に見えてくるもの

第5章で、バースデーコールを3年続けると、お客さまの反応が劇的に変わる話をしました。私自身、保全ビジネス®を実践した代理店での成功を目の当たりにしていますし、一緒に保全ビジネス®を推進していたあるライフプランナーは、次のように語ります。

『一回目のバースデーコールでは、すぐに電話を切られることはないにしても、それほど反応はなく、「ありがとうございます」という感じです。2年目も同じぐらいの反応ですが、3年目になると、お客さまの会話や対応が劇的に変わります。お客さまが、担当者からのバースデーコールを楽しみに待ってくれるようになり、その日に相談を持ちかけられたり、紹介をいただけたりすることもあります。これがバースデーコールの真髄なんだと実感しました。』

また、ある営業管理職は、保全ビジネス®に関して、こう語っています。

『営業管理職の経験上、ほとんどの営業社員は、どんなにスキルが低くても、人柄さえよければ月AC25万円を達成することができます。けれども、月AC25万円では営業社員の活動経費と生活費を賄うことができません。ところが、営業管理職がしっかりと活動管理することで、月ＡＣ50万円までは達成させることができるようになります。それ以上になるためには、営業社員個々のスキルやパーソナリティ、知識、努力が関係してきますが、しっかり活動管理することで、月ＡＣ50万円をコンスタントに達成し、ボーナスとあわせて人並み以上の報酬を稼げる営業社員を育てていける。それだけの自信はあります。』

※ＡＣ：一契約で獲得できる年間手数料。会社や保険種類にもよるが年間保険料の約40％

まさしく、経験者は語るということで、保全ビジネス®の有効性を証明してくれる発言だと思います。けれども、保全ビジネス®にも、まだまだ課題はあると感じています。

保全ビジネス®の成功には、営業担当者の定着が不可欠

それは、長くお客さまを担当して保全活動を行っていくためには、営業担当者自身が長く仕事を続けることが必要だということです。かつての保険会社のように、「大量採用・大量脱落」の状況が続けば、担当者がコロコロ変わることになり、その都度お客さまとの関係性を作り直さなければならなくなります。長く仕事を続けていくためには、ある程度の収入が必要ですが、収入は、保全ビジネス®を長く続けないと安定していきません。卵が先

か鶏が先か、という話になりますが、そこは、保全ビジネス®の可能性を信じてもらうしかありません。3年間の保全活動の先には明るい未来が待っているのですから。

お客さまとチャネルのマッチングも見直しが必要

第5章で、保全ビジネス®は「人」がお客さまと寄り添い続ける「顔が見え、声が届き、心が通うサービス」であるという話をしました。そのためにお客さま一人ひとりの担当者を明確にし、定期的なコンタクトと訪問を繰り返していくのですが、どうしても人には相性というものがあります。なかなかお客さまとお会いできない、お客さまと話が弾まない、という場合も出てきます。このような場合には、保有リストを見直して担当者を変更したり、コールセンターに保全活動を移管したりする対応が必要となる場合があります。対面だけでなく、コールセンターも含めて同質の保全活動をしていくには、新たなトークスクリプトやコミュニケーションの取り方を開発していくことが必要となるかもしれません。

こうした課題も含めて、3年間の保全活動を実践したその先に何がおこるのか、私自身まだまだ継続していくつもりですし、一人でも多くの方に一緒にチャレンジしていただきたいと思います。

第8章 生命保険業界に必要なのはイノベーションし続けること

この章では、少し保全ビジネス®から離れて、私が保険業界の中で行ってきたこと、考えていることについてご紹介したいと思います。

私の生命保険業界での業務は今年で40年目になりますが、その間、さまざまなイノベーションに関与してきました。私の性格からか、人のやらないことをやりたいという気持ちが強く、その表れともいえますが、今から考えると、生命保険業界におけるイノベーションとは、結局は生命保険のあるべき姿を色々な形に変えることで、生命保険の普及に資することなのだと考えるようになりました。

新しい商品や新しい仕組みを作り上げることは、生命保険の可能性を広げ、それがお客さまの安心や使いやすさにつながっているのです。

私は特別なことをしたとは思っていません。

ただ、他の人がもうだめだと思って諦めてしまうところを、私は途中で諦めなかったということだと思います。どんなことでも、諦めてしまったら、その経験は「失敗」として位置付けられますが、諦めずに続ければ「延長戦」の途中であるということになり、「失敗」ではないのです。

さまざまな障害に出会っても、そこで諦めずにやり続けたことが、イノベーションと言える何かにつながってきたのだと思います。

それでは、私が諦めることなくカタチにしてきたイノベーションについて見ていくこととしましょう。

１　生命保険は、それぞれの人生と伴走する金融商品

まず、生命保険業界の大前提として、私が考える生命保険の定義についてお話ししたいと思います。

人間は、誕生してから最期のときを迎えるまで、さまざまなライフステージを経ながら生きていきます。その、人生のライフステージに応じて、生命保険もさまざまな役割を果たしていくことになります。

ライフステージの変化に応じて、常に保険を進化させていくことが必要

しかしながら、生命保険はお客さまと保険会社との契約の一種であり、契約時に保障内容や保険期間など、さまざまな条件を定めたうえで、両者が合意のもと契約します。契約時点では、お客さまのライフステージにフィットした保障だったとしても、時の経過に応じてライフステージが変化していくと、だんだんお客さまの状況とあわなくなってくるのが生命保険の宿命なのです。第５章で見たように、人は、一生のうち５・８回、生命保険

に加入するライフステージの変化があります（ＬＩＭＲＡ（米国の生命保険の研究機関）データによる）。つまり、生命保険は、人生の各場面に応じて、その姿を常に進化させていかなければならないのです。

金利や物価の変動に対しても、保険の見直しが必要

また、契約時の条件の中には予定利率も含まれています。

契約時点の予定利率は、契約期間を通じて適用されますが、経済状況によって金利が大きく変動した場合は、これも保険契約を見直すきっかけになります。金利変動を考慮する必要があるのは、資産形成を目的とした保険商品だけに限らないのです。低金利が続いた時代の影響で、「転換は悪」と考える風潮がありましたが、もし、今後、金利が上昇していく局面になったら、転換によって古い契約の予定利率を洗い替えする必要が出てくるでしょう。

さらに、保険はインフレに弱いと言われます。

高齢の方の中には、「コツコツかけていた保険が紙くず同然になった」という、戦前の親世代の言葉が頭に残って保険嫌いになった方も多くいらっしゃいます。

いざというときに、残された家族が受け取る保険金が、加入時に想定したとおりの生活費や教育費として機能するためには、物価上昇にあわせて保険金額を増額していくことが必要です。

契約の当事者として、お客さまも契約内容について責任を持つ心構えが必要

私は、保険業界に属する立場から、保全活動の必要性を感じて保全ビジネス®を提唱していますが、実は、お客さまに対しても、保険は状況に応じて常に見直していくことが必要だという認識を持っていただきたいと思っています。

保険会社や営業社員、代理店から強く言われたから保険に加入する・見直す、義理で仕方なく加入する・見直す、というのではなく、お客さま自身が、自分の人生を安心なものにするために、自らの意思で加入する・見直すのだと考えていただきたいのです。

生命保険は、そうしたお客さまの想いに応えられる金融商品であり、長い人生に伴走していける機能を備えた金融商品であると確信しています。

2　生命保険業界にはイノベーションが不可欠

生命保険とは、医療保険やがん保険などの第3分野商品を除いて、非常に単純な金融商品です。人間の生死をもとに、「ある人が一定期間中に死亡したら保険金を払う（＝死亡保険）」「ある人が一定期間後に生存していたら保険金を払う（＝生存保険）」というものです。この単純な金融商品のどこにイノベーションの余地があるのかと思われるかもしれませんが、その中にも、保険料の払い方、保険金の支払方法、契約内容の変更方法など、さまざまな改良の余地があるのです。

たとえば、リビングニーズ特約は、プルデンシャル生命が日本で初めて導入した特約です。リビングニーズ特約とは、医師から余命6か月以内であると判断された場合に、将来受け取る死亡保険金に代えて保険金の一部または全部を生前に受け取ることができるという特約です。つまり、従来の「死亡」の概念を「余命6か月以内」に拡大したことがイノベーションであり、この特約で前払いされた保険金を使って、お客さまは終末の治療費にあてたり、死ぬまでにやりたいことの費用として活用することができるようになりました。

また、ドル建終身保険は、米国の会社であるプルデンシャル生命が、日米の金利差に着目して日本で最初に発売した商品ですが、これも保険料の払い方を「円」だけでなく「ドル」にまで拡大したイノベーションであるといえます。

以前は、現金による徴収が中心だった第一回保険料の払い方について、クレジットカード払いを導入したこともイノベーションの一つですし、プルデンシャル生命のほか一部の保険会社で販売している買増権保証特約（特別保険料を払い続けることで、将来、病気になったときに標準体料率で保険金を買い増すことができる特約）も、契約内容変更に関するイノベーションといえるでしょう。

第１章で見たように、医療保険やがん保険は、医療技術の進歩によって毎年のように商品改定が行われていますが、変わりようがない死亡保険や生存保険にも、さまざまなイノベーションのネタがあり、それが他の保険会社と差別化していくポイントとなるのです。

規制があるところではなく、規制がないところがイノベーションのねらい目

ある人は、「日本は規制が多いから、そこを突破していくというところにイノベーションのねらい目があるのではないか」と言っていましたが、私は逆の考え方で、むしろ規制が

ないところに挑んでいきました。規制があるということは、その懸念事項に気づいている人がいるから、そうならないように規制されているのです。「消費者利益を阻害する」「自分の既得権益が脅かされる」といった認識から「規制」が始まるわけですが、そういった分野は、行政や業界大手の反発が大きいので、なかなか突破することができません。そうではなく、規制がないところ、つまり、誰も気づいていないところにイノベーションのねらい目があると考えたのです。

イノベーションを起こしたら、それをお客さまに広める伝道師が必要

ただ、今までにないことを始めても、それをお客さまに広めて成果に結びつけていくためには、力のあるチャネルが必要です。それがプルデンシャル生命にはありました。生命保険販売に関する高い意識とセールススキルを兼ね備えたライフプランナーたちです。イノベーションを起こして画期的な商品を開発しても、日本の生命保険業界では特許性がないので、他社もすぐ追随します。ところが、画期的な商品であればあるほど、それをお客さまに説明し、実際に購入していただくためには、販売チャネルの知識やスキルが必要なのです。

プルデンシャル生命が最初に始めたサービスに、骨髄ドナー給付サービスがあります。これは、血液難病患者に骨髄を提供するドナーをサポートするサービスで、骨髄幹細胞採取手術を受けたドナー（提供者）に対して、疾病入院一時金等を支払うというものです。

この商品を発売した後、例によって他社も追随しましたが、お客さまに説明するのが難しいからか、他社ではなかなか成果に結びついていないようです。

商品や仕組みを作るだけでなく、それをどのようにお客さまに伝えて販売していくか、そして、その後にどのように保全していくかを総合的に考えて、実際に実行していくまでの過程全体がイノベーションなのだと思います。

3 優良体保険の開発（ノンスモーカーレートの導入と運転免許証の色で変わる死亡率）

優良体保険は、私が破綻した旧東邦生命保険相互会社に在籍していたときに開発に携わった商品です。優良体保険とは、健康状態や生活習慣などのさまざまな条件によって保険料率を細分化した保険商品です。

日本の生命保険には、保険料区分として「標準体」「標準下体」「高度欠陥体（謝絶体）」の3種類があります。「標準体」とは、通常の保険料率を使用するグループ、「標準下体」とは上乗せ保険料を徴収したり、一定期間の保険金を削減したりして保険契約を引き受けるグループ、「高度欠陥体（謝絶体）」とは、保険契約を引き受けることができないグループです。このうちの「標準体」について、さらに、死亡率に影響を与えるさまざまな条件（クライテリア）を導入して、より低い保険料率で契約を引き受けるグループを設定することにチャレンジしたのです。

この開発に関しては、どのクライテリアを採用すればよいかについて、一つひとつ探しながら検証していくのに苦労しました。

まず、体況に関するデータを探し出す

身長と体重の関係については、ＢＭＩ（Body Mass Index：体重（kg）／身長（m）×身長（m））という世界共通の肥満度の指標が、死亡率にどう影響するのかというデータを探したところ、国立感染症研究所の図書室に、コホート調査結果があるということがわかりました。コホート調査とは、ある母集団に関して、何十年にもわたって健康状態や疾患の発生状況、生死等について追跡していくという調査です。その調査結果の中には、ＢＭＩの他、血圧、尿タンパク、脈拍などのデータもありました。

次に、喫煙の有無による違いについて、アメリカのデータをベースに作成

死亡率に大きく影響するであろうと予想していた喫煙経験の有無については、データを探すのに非常に苦労しました。何とか探し出し、一つだけ、３００人程度の人数を10年間調べたコホート調査結果を発見しました。アメリカの調査結果はたくさんあったのですが、日本のデータはそれ一つだけです。そこで、アメリカの調査結果をベースにし、日本のデータとの違いを補正するという方法で死亡率に関するデータを作成しました。ちなみに、飲酒に関するデータもあったのですが、飲酒はクライテリアとして採用しませんでした。

運転免許証の色による違いは、我ながら大ヒットといえる機転で発見できた

また、アメリカのデータによって、自動車運転に関して、事故を起こしている人や違反をしている人は死亡率が高いということがわかっていました。そこで、運転記録による死亡率の違いについて、警視庁、警察庁、交通課等、あらゆるところに出向いてデータの有無を確かめましたが、見つかりません。最後に、自動車安全運転センターに行って尋ねたところ、担当の方から、少し考えた様子の「ちょっと、ありません」という反応が返ってきました。何かピンと来るものがあって、次に言い方を変えて「ゴールド免許とブルー免許の違いによって、死亡率や事故率の違いなどはありますか?」と尋ねたら、「それだったら、あるかもしれません」という返事をもらったのです。このときは、うれしかったですね。思わず大量の手土産を持参して、データを提供していただきました。

その他、ダイビングやスカイダイビング、スキーなどと死亡率の関係も見たのですが、そこまで大きな差にはならなかったので、結局、喫煙の有無と運転免許証の色をクライテ

リアとして採用することにしました。

各クライテリアのデータはそろいましたが、そこから先も大変でした。たばこを吸っていて運転免許がブルーの人、たばこは吸わずにブルーの人など、クライテリア間の因果関係を導き出し、それぞれのクライテリアから取り除いていかなければなりません。そうやって数学的な要素の検討を加えながら、何とか最終的な発生率を導き出しました。これだけ苦労して計算した純保険料率ですが、死亡率への影響度は、多くても20％程度でした。

イノベーティブな商品開発が、結局、転職を後押し

これまで、「標準体」という一律の保険料率を用いていたグループの中で、「優良体」グループを選別するわけですから、残りは「非優良体」グループということになり、本来ならば、これまでの「標準体」よりも料率は上げなくてはいけません。しかし、このときは「非優良体」とせず「標準体」のままとしました。

また、「優良体」の割引効果が出るのは、保険期間が有期の定期保険だけであり、終身保険ではほとんど保険料の差がなくなってしまうので、終身保険への適用も行いませんでした。

さらに、やや専門的な話になりますが、保険料は、保険金支払いの原資に当てられる純保険料と、事業運営のために使われる付加保険料からなっており、優良体料率は純保険料部分に適用されます。保険期間が有期の定期保険については、純保険料と付加保険料の割合が年代によって大きく異なり、死亡率の低い若年層については、付加保険料が大半を占めることになります。

したがって、若年層は、優良体に区分されても保険料格差がほとんど出てこないのです。これでは、せっかくイノベーティブな商品を発売しても、若年層にアピールできないということで、付加保険料部分も低めに設定するように操作したのです。

このような、数理的な理屈を重んじる私には納得できないことが重なり、さらに営業力の弱い破綻寸前の旧東邦生命からこの商品を発売しても、売上が伸びるとは期待できないことにより、私の心は、この会社から離れていきました。この優良体保険は、監督官庁への申請準備を始めて、認可を得るまでに2年半ぐらいかかっています。

私が携わったのは最後の1年半程度ですが、本当に、心身を削る思いで当たりました。実際、過労がたたり、救急車で運ばれたこともあります。それで、優良体保険が発売されたら、この会社を辞めようと決心したのです。

営業的には成功とはいえなかった優良体保険でしたが、業界内ではかなりインパクトが大きかったようです。

プルデンシャル生命の創設者であり、当時は同社の会長であった故坂口陽史氏から呼び出され、「お前、とんでもない商品を作ったな」と言われたのです。結局、この坂口さんとの出会いがきっかけとなって、私はプルデンシャル生命に転職しました。

4　米国ドル建終身保険の開発

プルデンシャル生命の創設者、故坂口陽史氏の悲願から米国ドル建終身保険を開発

米国ドル建終身保険の話をする前に、坂口さんの話から始めたいと思います。坂口さんは、18歳のときに米国に留学し、数学を専攻して苦学の末、保険数理の専門家となるべく米国アクチュアリー試験に日本人第一号として合格しました。その後、コンサルティングアクチュアリーとして活躍していたところ、ある保険会社が日本に進出することになり、その手伝いの一環として、日本の生命保険事業について調べ始めました。

当時の米国は、変額保険やユニバーサル保険など、次々に新しい商品が開発されていました。一方、日本では、定期保険や定期付終身保険、終身保険がやっと発売されたぐらいで、日本の生命保険業界は米国にくらべて非常に遅れているという印象を持ったそうです。

そのとき、坂口さんは、日本で二つのことを実現したいと考えました。

一つは、お客さまの必要保障額を算出して、そのニードに基づいて保険を販売するというニードセールスを実践する販売組織を作ること。そして、もう一つが米国の最先端の生命保険の仕組みを逆輸入することです。

一つ目の夢を実現するために、坂口さんは現在のプルデンシャル生命の前身であるソニー・プルデンシャル生命を設立したわけですが、二つ目の夢である米国の生命保険の仕組みをそのまま販売することについては、そう簡単には実現できませんでした。

当時の大蔵省の認可基準によると、米国保険会社の代理店になっても、あるいは米国保険会社の子会社として日本法人を設立しても、米国保険会社の商品を、日本でそのまま販売することは禁止されていたのです。

そこで思いついたのが、米国保険会社で発売している商品について、日本で認可をとるということです。今もそうですが、当時の日米の金利差は非常に大きいものでした。それを活用するには、日本で販売した保険商品の運用をアメリカのプルデンシャルにお願いすればよいのではないかと思いついたのです。

金融庁と折衝する中で思いついた「ドル通貨建」と「再保険」

また、金融庁との折衝の日々が始まりました。最初は、例によってすべてNOです。そのとき、私は、ふと「通貨を変えればよいのではないか」と思い立ちました。つまり、ドル建終身保険を販売し、ドル資産で運用するということです。ただ、そこでも課題がありました。

当時は、生命保険会社の資産運用について定めた財産利用方法書の中で、外貨建資産の上限が20％と定められていたのです。この規制に抵触する恐れがあり、じゃあ、その制限内におさまるように販売しようか、という議論になったところ、またまた、ふと思い立ったのです。

再保険の仕組みの中に共同保険式再保険というものがあり、この方法を活用すれば、自分たちは一切のリスクをとらずに、利益が出たときに、再保険配当を受けられる、しかも自分たちで運用するわけではないので運用規制にもひっかかることもないのです。

アメリカのプルデンシャルと交渉したら、やりましょうという話になったので、共同保険式再保険で金融庁に申請しに行きました。

その後に外貨建保険を発売した他の保険会社は、財産利用方法書の外貨運用規制が撤廃されたこともあり、自社のリスクで運用しているところもあるようです。

5　保険金・給付金不払問題の一つの課題を解決した支払審査会の導入

生命保険業界で保険金・給付金の不払いが問題となった頃、プルデンシャル生命では、個々の不払案件についてお客さまから申し出があった場合に、外部の第三者が、その妥当性について審議するという支払審査会を設置しました。

第三者が独立して審議する方式は、業界初の試みでした。

支払審査会のアイデアは、旧東邦生命破綻前後の経験から思いついた

今では、色々な会社の不祥事が明るみに出たときに、第三者委員会が客観的な立場で問題を調査し、対応について勧告するという流れが一般的に行われていますが、私がこの方式を思いついたのは、実は旧東邦生命が破綻したときの経験がもととなっています。

旧東邦生命が破綻する少し前、旧経営者を退任させるために、第三者による経営委員会が作られました。この第三者委員会は、会社の破綻を防ぐことはできませんでしたが、経営者を退陣させることには成功しました。

図 20　支払審査請求制度の仕組図

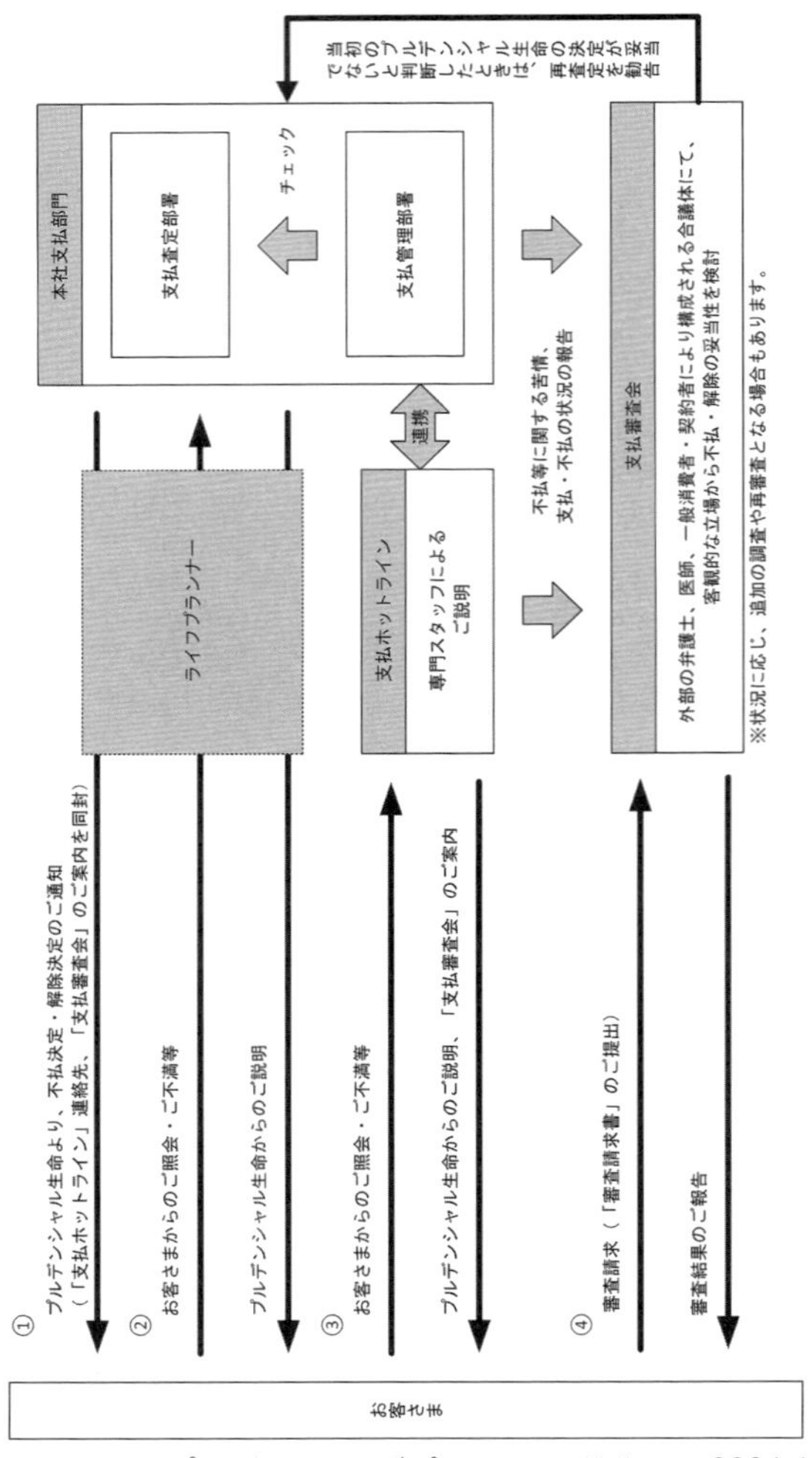

プルデンシャル生命ニュースリリース 2006.6.26 より

当時の相互会社という組織形態の中では、経営者のワンマン経営を阻止することが難しかったのに、第三者委員会の意見には経営者も逆らうことができなかったのです。

金融庁検査で業務改善命令を免れたのは、支払審査会の功績が影響？

保険金・給付金不払問題に関して、プルデンシャル生命が金融庁検査を受けたとき、いくつかの指摘を受けたのですが、業務改善命令は出ませんでした。他の会社では、業務停止命令や業務改善命令などの行政処分を受けた例がありましたが、プルデンシャル生命が行政処分を免れた理由の一つとして、この支払審査会の実績も評価されたのかもしれません。

支払審査会では、各委員がさまざまな知見から一件一件審議をつくして判定しており、中には再査定に至ったケースもあります。

現在では、他社でも導入されており、お客さま保護の仕組みの一つとして、その役割を果たしています。

6　産学協同をモチーフにした寄附講座「営業学」の導入

寄附講座「営業学」は、プルデンシャル生命の理念を全社展開するために創られたチームの担当役員をしているときに、私の発想から生まれました。

この講座は、「営業を科学する」をテーマに、プルデンシャル生命の現役のエグゼクティブ・ライフプランナーや支社長、執行役員が講師となり、営業に必要なスキル、セールスプロセスなど、自らの経験に基づいた実践的な講義を行うというものです。

もちろん、ノウハウだけでなく、営業というものの楽しさや心構え、人間的な成長などについても体系的に教えるプログラムになっています。

創業以来実施していたボランティア表彰制度の次の取り組みを模索

創業以来、アメリカでの良い文化を日本に持ち込みたいと考えていた坂口さんは、米国プルデンシャルが展開しているボランティア団体の表彰制度を日本で始めました。文部科学省後援のもと、全国の中学・高校生のボランティア団体の中から、優秀なボランティア活動を表彰する地方大会・全国大会を、全国のライフプランナーを巻き込んで開催していたのです。

しかしながら、プルデンシャルグループが買収した元協栄生命（現ジブラルタ生命）の活動基盤が学校マーケットであったため、このボランティアの主体がジブラルタ生命に少しずつ移っていたことから、他に、プルデンシャル生命らしいもの、間接的に社会的な評価があがるもの、そしてライフプランナーが誇りに感じて喜ぶものを考える必要が出てきました。

教える立場になることが、ライフプランナーの自尊心を高める

坂口さんが作り上げたライフプランナー組織の特徴は、それまでの日本の生命保険会社が、女性で高卒等の身近な主婦層を中心としていたことのアンチテーゼとして、大学卒の男性営業社員を条件とした、というのは有名な話です。ところが、もう一つあまり知られていない特徴として、知名度の高くない大学卒の人たちも採用したということがあるのです。

当時、日本の有名企業の就職状況は厳しく、知名度の高い大学の学生から内定が出て、そうではない大学の卒業生たちは、悔しい思いをしてきました。そのリベンジにもなるラ

イフプランナーという職業を確立し、成功を目指してもらったのです。プルデンシャル生命のライフプランナーは、生命保険セールスのプロフェッショナルとして、一つのブランドになっています。

この寄附講座「営業学」を私がはじめに取り入れてもらったのは、東北大学、慶應大学、青山学院大学でした。これらの大学は全て有名大学で、エリートが集まる大学です。エリート大学の学生に、ライフプランナーや営業所長、支社長が教える立場になるということは、彼らに大いに誇りに感じてもらえることだ考えたのです。

将来の見込客、将来の採用候補者を作るために、積極的に各大学に接触

さらに、有名大学を卒業して有名企業に就職し、高額な所得を得て富裕層になるであろう人たちは、今後のプルデンシャル生命の有望な見込客でもあり、採用候補者でもあります。そのために、ライフプランナーの仕事や営業という仕事の楽しさや醍醐味を知ってもらい、プルデンシャル生命の名前を覚えてもらうことは、大いに意義のあることだといえます。プルデンシャル生命が育んできた「保険営業」＝「営業学」を、学生の単位になる寄附講座として導入することができれば、プルデンシャル生命の新たな社会貢献事業の柱

になると考え、情熱的に各大学に接触してプレゼンテーションを行いました。

人脈をたどったり飛び込みを行ったりしながら、慶応・東北大・青学を攻略

慶應大学理工学部の学生に、グループ会社であるジブラルタ生命の関連団体である公益財団法人アジア生命保険振興センター（ＯＲＩＳ）が寄附講座を展開していたことが参考になり、人脈をたどって慶應大学商学部の学部長へプレゼンテーションを実施しました。

東北大学については、震災後に東北地区の復興事業として、若き起業家に夜学を提供していた経営学研究所に、親会社である米国プルデンシャルファイナンシャル・インクが約5億円の寄付したことがきっかけとなり、経済学部で営業学の寄附講座を開設することになりました

青山学院大学への導入は、私の高校の同級生が国際経済学部の准教授をやっていたこと、そしてプルデンシャル生命に青山学院大学の卒業生が多かったことから、飛び込みの正面突破を行い、学事部に私一人でプレゼンテーションを行ったことから始めました。

その後、さらに導入する大学も増え、今ではプルデンシャル生命の戦略の中で、主要な社会貢献事業に成長しています。

7　生命保険信託の復活と生命保険会社資本の信託子会社設立

生命保険信託については、私が思いついてから最終的な実現にたどりつくまで、実に20年の年月がかかりました。

米国で信託商品と生命保険に関する講義を聞いたことから研究を開始

プルデンシャル生命に入社後、米国の生命保険業界と金融業界を勉強していたとき、私は、ある生命保険販売代理店の業績優秀者に与えられる生命保険営業に関する研修に参加する機会を得ました。その中の、信託商品と生命保険との関わりに関する講義で、米国と日本では、国民の信託に対する考え方が全く違うことに非常に驚きました。米国の社会では、信託という金融商品が生命保険と同じように活用されていたのです。日本人にとって、信託は投資信託ぐらいしか馴染みがなく、運用部門を経験している私でも特定金銭信託ぐらいしか記憶にないというのが現実でした。亡くなった坂口さんも、しっかりと信託契約を持っていたことを知り、益々興味がわいてきました。

その研修後、信託と生命保険の関係性を調べるようになり、当時、フィデリティ信託が各店舗で実施していた信託商品研究説明会に参加し、信託知識のない中で難しい話を聞いたりもしました。通常、信託会社は富裕層を顧客としてさまざまな信託商品を扱っており、あまりお金のない人は相手にしません。生命保険は、生前はお金がない人でも、被保険者が亡くなることで、受取人が保険金という多額の資産を突如として持つことになります。この、生命保険が持つ財産創出機能と、信託の財産管理機能を組み合わせると、何か面白いコラボレーションができるようになるのではないかと考え始めたのです。

日本でも、かつて生命保険信託という商品があったことを発見

興味半分で色々と調べていくと、フォーチュン誌の「世界で最も称賛される企業」にも選出され、米国生命保険会社の雄であるノースウエスタン・ミューチュアル社とニューヨーク・ライフ社が、信託子会社を持っており、生命保険信託という興味深い商品を販売していることを発見しました。生命保険信託とはどんな商品なのかを勉強していくうちに、日本の信託業界でも、生命保険信託という商品を扱っていた歴史があることを知ったのです。ところが、なぜかその頃までは、信託会社や信託銀行で生命保険信託を取り扱っていると

ころがありません。そこで、私は、何とかこの生命保険信託を日本で復活できないかと考えるようになりました。

米国では、生命保険信託を義務付けている州もある

米国には、未成年者、障がい者、超高齢者が保険金受取人になる場合には、生命保険信託を付帯することを推奨している、あるいは義務づけている州があります。また、途中で解約等ができない生命保険信託については、信託財産となる生命保険金は相続税・遺産税の対象とならないといった税法上の優遇措置がある場合もあります。つまり、「生命保険を活用して未成年者等を守りたい」という契約者の想いとは違う保険金の使い方をしてしまう保険金受取人やその関係者に対して、信託という金融商品が持つ財産管理機能で、生命保険金をプロテクトすることができるのです。

帰国後、信託会社の設立と生命保険信託の開発をCEOに進言

信託という難しい仕組みをお客さまに理解してもらえるのは、プルデンシャル生命のライフプランナーしかいない、いや、プルデンシャル生命のライフプランナーだからこそ、

この商品を販売できると信じ、帰国後、当時のＣＥＯに信託会社の設立と生命保険信託の開発を進言しました。が、そのときの判断は、とりあえず信託銀行との共同開発の道を探るというものでした。そこから、生命保険信託をめぐって、長い（諦めることのない）挑戦の日々が始まったのです。

段階的に信託業務を開始し、ついに100％子会社として信託会社を設立

２００８年3月に保険業法施行規則の一部が改正されたことにより、保険会社が信託業務の取次を行うことができるようになりました。

そこで、まず、中央三井信託銀行（現三井住友信託銀行）と提携し、２００８年11月より、遺言信託と遺産整理の取次業務を開始しました。これにより、お客さまからの遺言に関する相談や遺産整理に関する相談に応じることができるようになりました。

次に、２０１０年、同じく中央三井信託銀行（現三井住友信託銀行）と、業種を超えて「生命保険信託」を共同開発しました。

遺言信託と遺産整理の取次から一歩進み、信託契約代理店として、お客さまに、直接信託商品を紹介することができるようになったのです。

図21　生命保険信託の仕組み

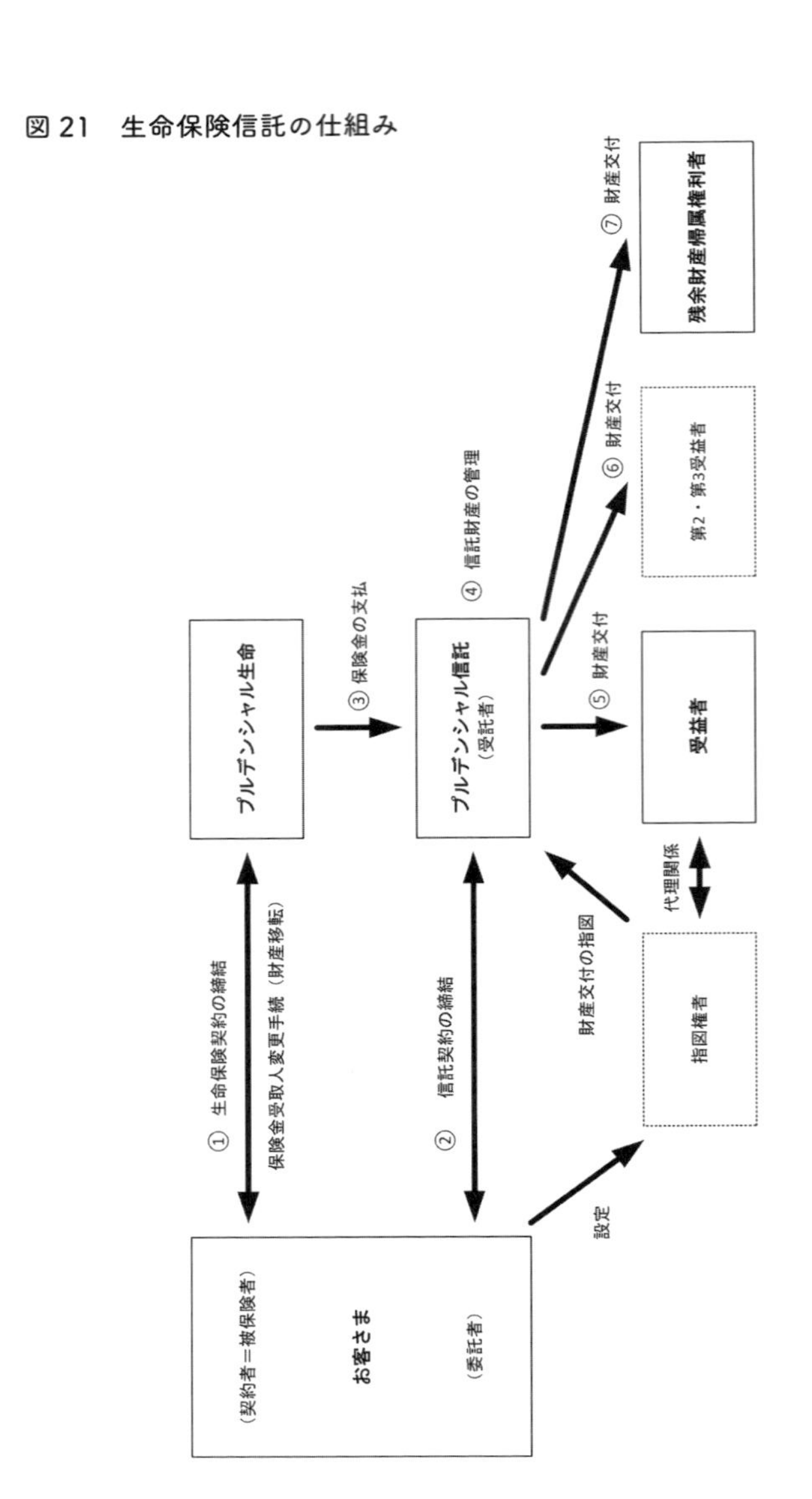

そして、ついに２０１５年に１００％子会社として信託会社を設立し、死亡保険金が支払われるすべての生命保険契約に、信託契約を付加することができるようになったのです。

生命保険信託を活用すれば、通常、生命保険の受取人とすることが難しい婚約者やパートナー（プルデンシャル信託会社が定める条件を満たした場合）、国や地方公共団体、公益社団法人・公益財団法人、認定ＮＰＯ法人（国から認定されている団体）など、プルデンシャル信託株式会社が認める団体を受益者とすることが可能です。

また、遺産整理や葬儀事務、相続税等の事務を、あらかじめ第三者（プルデンシャル信託株式会社が事前に認めた士業法人）に委任して、費用を生命保険信託から負担するようにしておくこともできます。生命保険信託は、少子化が進み、家族の姿が多様化していく時代にマッチした商品であり、今後、ますますその重要性がお客さまに理解され、世の中に浸透していくと考えます。

終章　おわりに

序章で、私が保全ビジネス®を思いついたきっかけが、米国の状況を実際に目にしたことだということをご紹介しました。プルデンシャル生命に転職して、故坂口陽史会長と出会い、米国の地で、米国の生命保険の歴史と現状について勉強する機会を得たことが、私の生命保険キャリアの礎になっているのは事実です。

けれども、既存のお客さまを大事にして商売を続けていくという考え方は、米国だけのものではありません。実は、経営の神様と言われる松下幸之助氏が、従業員たちに折にふれて話していた商売に関する考え方の中に、次のようなものがあります。

「売る前のお世辞より売った後の奉仕、これこそ永久の客をつくる。」

売り手は、売った後にアフターフォローやアフターサービスをしっかりと丁寧に行うことで、買い手であるお客さまとの信頼関係を築くことができ、その後も長くお客さまとして取引をしていただけるようになる、ということを言っているのです。

この言葉は、「近江商人の商売10訓」として紹介されることも多い金言ですが、商売をしている人ならば、「まさしくその通り」と思える内容だということの表れでしょう。

保全ビジネス®について、いろいろな方とお話しをしますが、この考え方に反対する方は一人もいません。

では、それを実行するかというと、躊躇する方が多いのも事実です。

「言うは易く、行うは難し」ということで、実際に実行するには、これまでの「新しいお客さまを獲得することこそ営業の仕事」という考え方を変え、営業担当者の報酬体系と評価制度を変え、営業担当者を教育し、既存のお客さまの情報と折衝履歴を一元管理できる顧客管理システムを整備し、営業管理職の役割を再定義することが必要です。その中で最も重要なのは、まず経営者が変わることです。

そして、途中で諦めずにやり続けることです。

保全ビジネス®で成功するまでは、時間もお金もかかるのは確かですが、その先には必ず収益アップ、従業員のモチベーションアップ、そして何よりお客さまの満足度アップが待っています。一人でも多くの方が、一日でも早く保全ビジネス®にチャレンジされることを願っています。一緒に保全ビジネス®にチャレンジしていきましょう。

本著書を作成するにあたって、多くの関係者の皆様に感謝を申し上げます。

特に、私がプルデンシャル・ジブラルタエージェンシー株式会社の代表取締役社長として在籍していた頃から本気で保全ビジネス®に取り組んでいる仲間には心から感謝しています。これからも永く保全ビジネス®に携わって、お客さまとその家族を幸せに導いていただきたいと思います。

また、本著書を構想段階から書き上げるまでを伴走していただきました、旧東邦生命保険相互会社に同期入社で、現在、ケー・ツー・エー株式会社代表取締役の木村恭子さんには多大な感謝を申し上げます。

最後に、本著書出版の機会をいただきました新日本保険新聞社様にも感謝致します。

「参考文献等」

第4章

『No.1トヨタのおもてなし　レクサス星が丘の奇跡』志賀内泰弘著
　PHP研究所　2014年
『No.1トヨタの心づかい　レクサス星が丘の流儀』志賀内泰弘著
　PHP研究所　2022年
『日本橋高島屋コンシェルジュの最高のおもてなし』敷田正法著
　光文社　2014年
『リッツ・カールトンが大切にする サービスを超える瞬間』高野登著
　かんき出版　2005年
『絆が生まれる瞬間』高野登著
　かんき出版　2014年

第5章

SD Financial Technology 株式会社　https://www.socio-diversity.co.jp
VOS2.0（Virtual Office Solution）　https://vos2.socio-diversity.co.jp/

第6章

『ストックセールス　顧客が雪だるま式に増えていく「4つのメッセージモデル」』エリック・ピーターソン／ティム・リーステラー著
　実業之日本社　2021年

終章

松下幸之助 .com
https://konosuke-matsushita.com/faq/#q21

保全ビジネス®への挑戦
〜生命保険業界に必要なイノベーション〜

2024年6月18日　初版発行　　定価 1,870円（本体 1,700円＋税）

著者　太田 俊司
編集　濱田 さち
企画　金井 秀樹
発行者　今井 進次郎
発行所　株式会社 新日本保険新聞社
〒550-0004　大阪市西区靭本町 1-5-15
TEL（06）6225-0550
FAX（06）6225-0551
ホームページ　https://www.shinnihon-ins.co.jp/

印刷製本　能登印刷株式会社

ISBN　978-4-910503-17-2　